全国技工院校市场营销专业任务驱动型教材（高级技能层级）
全国高等职业学校市场营销专业教材

JICHU KUAIJI

基础会计

（非会计专业）

（第二版）

主　编：赵秀云
主　审：洪　霄

中国劳动社会保障出版社

图书在版编目(CIP)数据

基础会计：非会计专业/赵秀云主编. -- 2版. -- 北京：中国劳动社会保障出版社，2018

全国技工院校市场营销专业任务驱动型教材. 高级技能层级　全国高等职业学校市场营销专业教材

ISBN 978-7-5167-3402-5

Ⅰ.①基…　Ⅱ.①赵…　Ⅲ.①会计学-高等职业教育-教材　Ⅳ.①F230

中国版本图书馆CIP数据核字(2018)第161444号

中国劳动社会保障出版社出版发行

(北京市惠新东街1号　邮政编码：100029)

*

北京市艺辉印刷有限公司印刷装订　新华书店经销

787毫米×1092毫米　16开本　11.5印张　223千字

2018年8月第2版　　2023年12月第7次印刷

定价：24.00元

营销中心电话：400-606-6496

出版社网址：http://www.class.com.cn

http://jg.class.com.cn

简介

本书为国家级职业教育规划教材，适用于全国技工院校市场营销专业（高级技能层级）和全国高等职业学校市场营销专业，由人力资源社会保障部教材办公室组织编写。

本书从市场营销专业人员必备的财务知识入手，讲解了记账、算账、报账、税金、存货及应收账款等相关问题，主要内容包括会计基础知识、会计凭证的填制、账簿的登记、会计核算和会计报表的阅读与分析等。本书采用了任务驱动的编写思路，将理论知识融入到具体的任务情境当中，帮助学生更好地理解和掌握所学知识。

本书配有电子课件，可通过职业教育教学资源和数字学习中心（http://zyjy.class.com.cn）免费下载。

本书由赵秀云任主编，尤维芳任副主编，蒋小燕、付彬、朱鸿翔参与编写，洪霄任主审。

目 录 CONTENTS

模块一　会计基础知识

任务1　初识会计

知识目标

- ➢会计要素的种类
- ➢会计等式
- ➢经济业务发生对会计等式的影响

能力目标

- ➢能够运用会计要素对简单经济业务实例进行分析
- ➢发生经济业务时能够对会计等式的变化进行分析

任务引入

王维和唐伟是2017年7月毕业于某高校服装设计专业的学生，毕业后两人筹建了一家小规模纳税人企业“好友服装有限公司”，每人出资100,000元，注册资金为200,000元。王维负责公司的经营管理，唐伟负责公司的财务管理，聘请李佳、范霞为公司的会计和出纳。筹建期间发生如下开支：添置设备100,000元(使用寿命为5年，采用平均年限法计提折旧)，购置材料50,000元，支付当年房屋租赁费80,000元，公司注册过程中发生的费用共计6,000元。因资金短缺，他们向朋友王明借款50,000元。公司于2017年10月8日正式开业，并于当月完成以下经营活动：为益达食品厂加工了一批工作服，成本为18,000元，销售收入为21,600元；服装设计费收入2,800元；公司自行设计并加工服装300套，成本为31,500元，获得销售收入37,800元。经过近一个月的经营，唐伟想知道公司的经营和财务状况，让会计李佳为他进行分析，那么，李佳该如何为他分析呢？(以上收入均为不含增值税收入)

任务分析

任何一个企业在生产经营过程中都要对企业的经营状况进行分析，以了解企业的资产、负债和获利情况等经济信息，以便为后期的生产经营制订计划。而经济信息的整理是通过会计工作完成的，因此唐伟想了解自己企业的经营和财务状况，就应从认识会计开始。

相关知识

一、会计定义

会计是以货币为主要计量单位，以凭证为依据，采用专门的会计核算程序和方法，对一个单位的经济活动进行连续、系统、全面、综合的核算与监督，并为该单位提供经营成果和财务状况等经济信息的一种管理活动。其基本流程如图 1—1 所示。

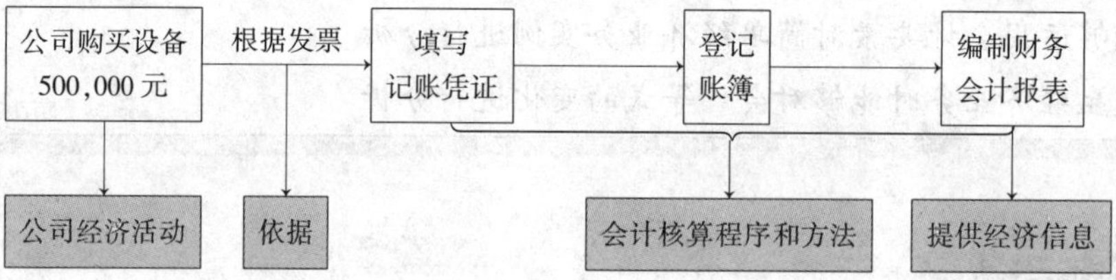

图 1—1　会计的基本流程

二、会计职能

会计职能是会计在经济管理中所具有的功能。会计具有多种职能，但核算和监督职能是会计的两大基本职能。

会计核算职能是以货币为主要计量单位，对各单位的经济活动进行连续、系统、完整的记录、计算和报告的职能。如将购买的原材料登记到账簿上、计算产品的生产成本、期末编制会计报表反映企业的财务状况等都是会计的核算职能。

会计监督职能主要是对各单位经济活动全过程的合法性、合理性和有效性进行监督的职能。

会计的核算职能能够提供资产、负债、所有者权益、收入、费用、利润等各种核算指标，会计的监督职能就是利用这些指标来监督经济活动的合法性、合理性和有效性，从而达到控制和考核经济活动的目的。会计核算职能与会计监督职能二者是相辅相成的，核算职能是监督职能的前提，监督职能是核算职能的保证。

三、会计方法

会计方法是指为履行会计职能、完成会计任务、实现会计目标所采用的手段。会计方法的分类如图 1—2 所示。

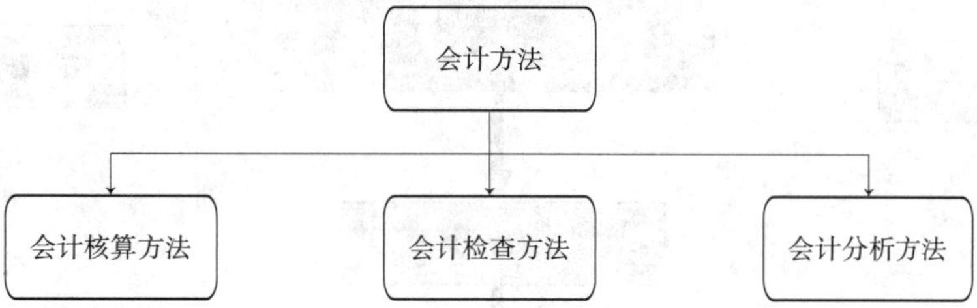

图 1—2　会计方法的分类

其中，会计核算方法是对单位所发生的经济业务进行全面、连续、系统的记录和计算，为经营管理提供必要的信息所应用的方法，是整个会计方法体系的基础，如图 1—3 所示。

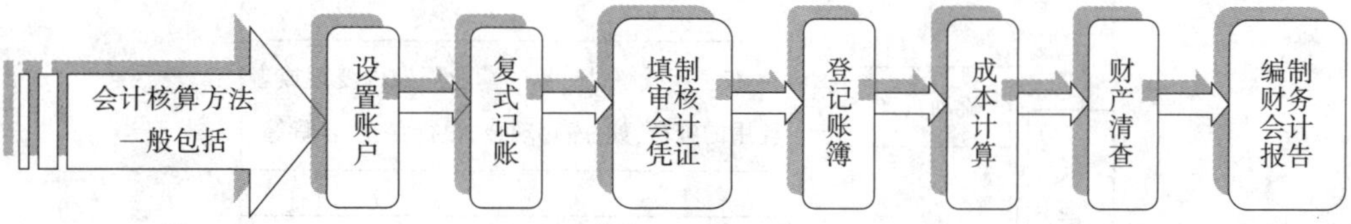

图 1—3　会计核算方法

四、会计要素

会计要素是对会计核算对象的基本分类。根据我国《企业会计准则——基本准则》的规定，会计要素分为资产、负债、所有者权益、收入、费用和利润六类，被称为会计的六大要素。

1. 资产

企业要生产产品必须要有原材料、生产设备等，如服装厂要生产销售服装，就必须要有布匹、缝纫机等，这是企业进行生产经营的必备条件，会计上把这些必备的条件称为资产，具体包括库存现金、银行存款、原材料、机器设备、厂房、专利权、商标权等。

（1）资产的定义

资产是指由过去的交易、事项形成并被企业拥有或者控制，预期会给企业带来经济利益的资源，如图 1—4 所示。

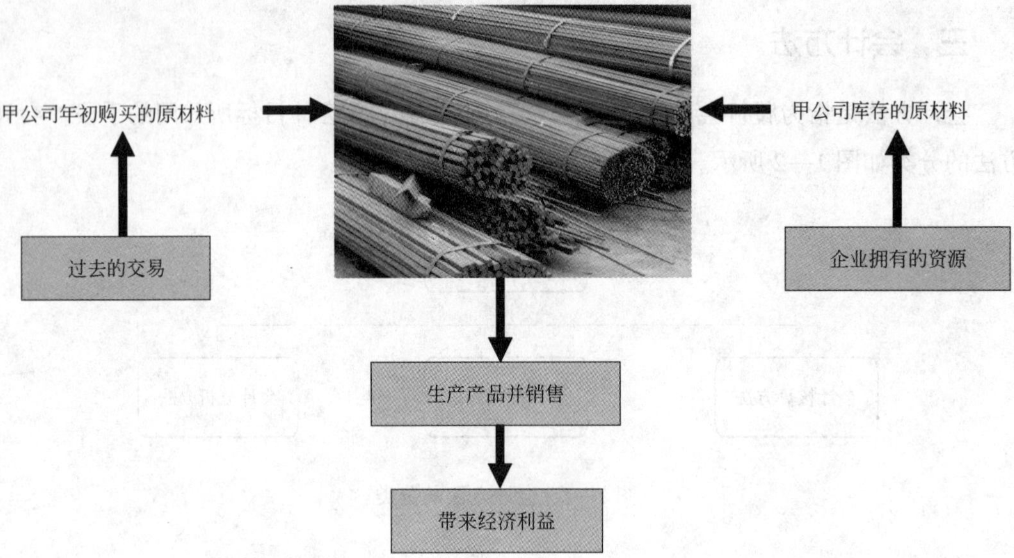

图 1—4　资产

（2）资产的分类

资产按照流动性可分为流动资产和非流动资产（或长期资产），如图 1—5 所示。

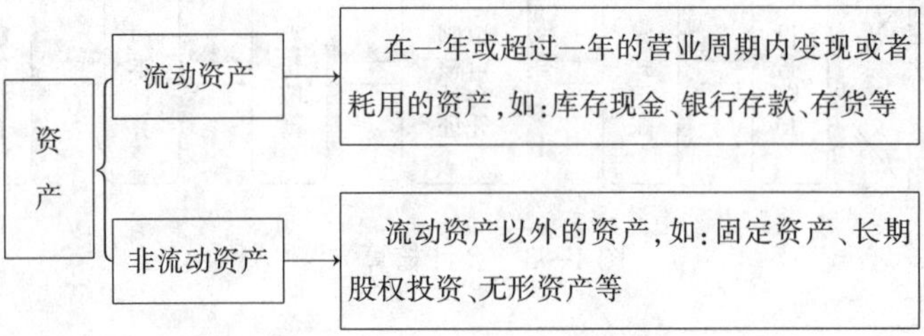

图 1—5　资产的分类

2. 负债

企业在生产经营过程中出现资金短缺时，向银行和其他单位借款是企业资金来源的主要途径，会计上把借款称为负债，具体包括短期借款、长期借款、应付给职工的薪酬、应缴纳的各种税费等。

（1）负债的定义

负债是指企业过去的交易或者事项形成的，预期会导致经济利益流出企业的现时义务，如图 1—6 所示。

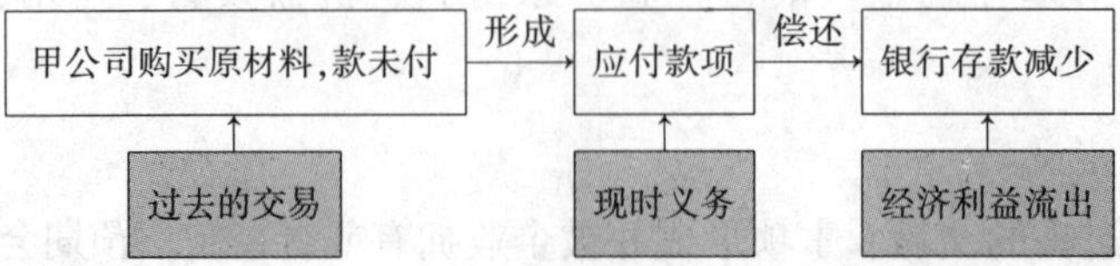

图 1—6　负债

（2）负债的分类

负债按照流动性可分为流动负债和非流动负债，如图 1—7 所示。

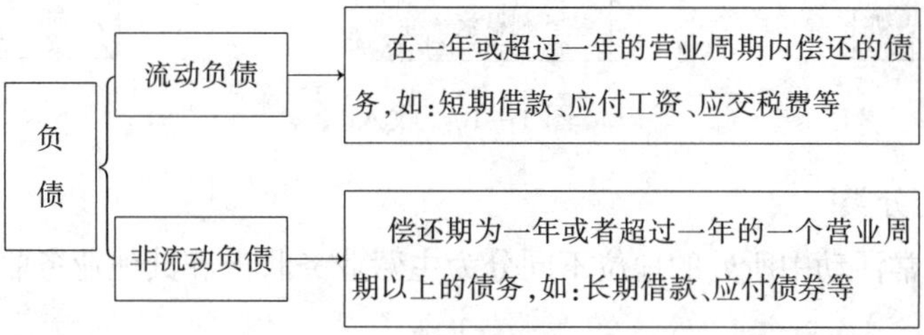

图 1—7　负债的分类

3. 所有者权益

（1）所有者权益的定义

所有者权益是指企业资产扣除负债后由所有者享有的剩余权益，又称净资产，如图 1—8 所示。公司的所有者权益又称为股东权益。所有者权益包括所有者投入的资本、直接计入所有者权益的利得和损失、留存收益等。

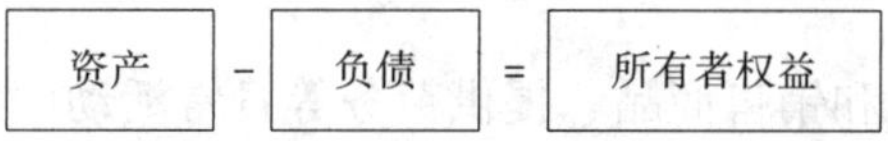

图 1—8　所有者权益

（2）所有者权益的分类

所有者权益的分类如图 1—9 所示。

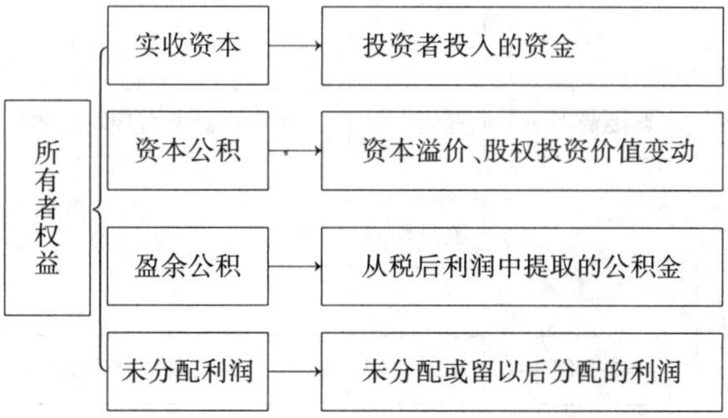

图 1—9　所有者权益的分类

4. 收入

（1）收入的定义

收入是指企业在销售商品、提供劳务及他人使用本企业资产等日常活动中形成的、会导致所有者权益增加的，但与所有者投入资本无关的经济利益的总流入，如图 1—10 所示。

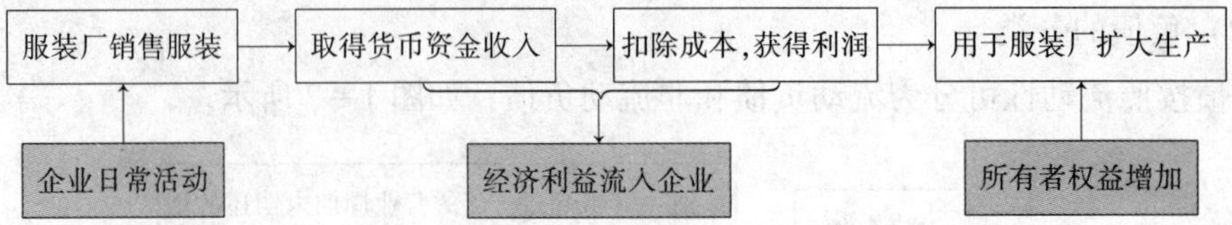

图 1—10　收入

（2）收入的分类

收入按照日常活动中所处的地位不同分为主营业务收入和其他业务收入，如图 1—11 所示。

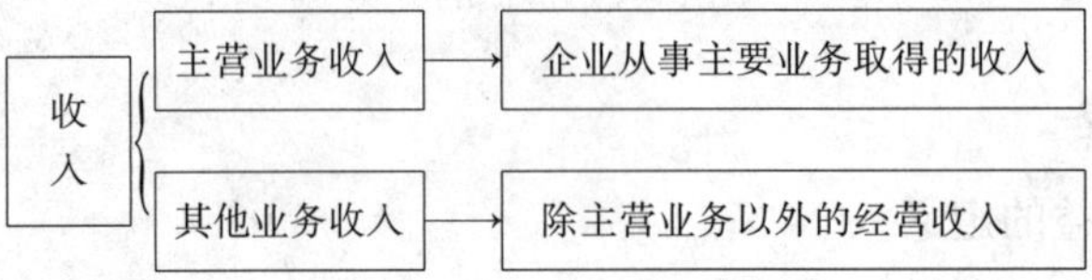

图 1—11　收入的分类

5. 费用

（1）费用的定义

费用是指企业在生产和销售商品、提供劳务等日常活动中发生的、会导致所有者权益减少的、与向所有者分配利润无关的经济利益的总流出。

（2）费用的分类

费用的分类如图 1—12 所示。

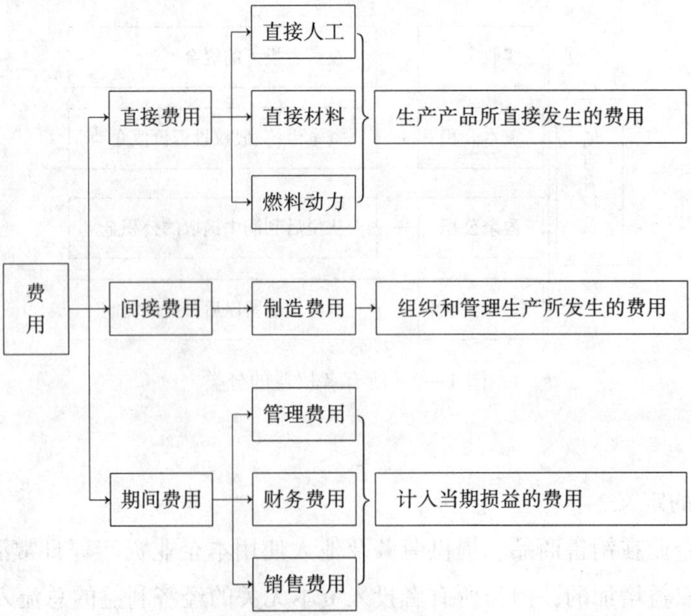

图 1—12　费用的类型

6. 利润

（1）利润的定义

利润是指企业在一定会计期间的经营成果，包括收入减去费用后的净额、直接计入当期利润的利得和损失等。直接计入当期利润的利得和损失是指与生产经营无直接关系的各项净收入和净支出，具体包括罚没收入、罚款支出等。

（2）利润的构成

利润的构成如图 1—13 所示。

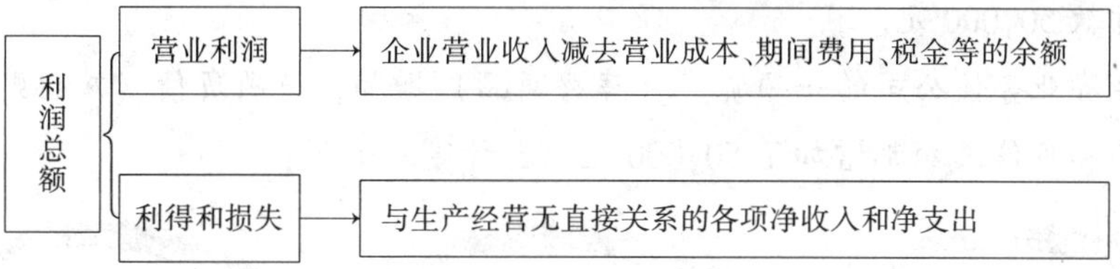

图 1—13　利润的构成

五、会计要素之间的关系

任何企业的生产经营活动都必须具有一定的资产，如现金、原材料、设备等。这些资产从来源看，要么来源于投资者投入的资金（所有者权益），要么来源于企业的负债，因此，资产必然等于所有者权益与负债之和。资产、负债、所有者权益之间的关系，即会计要素之间的平衡关系，称为会计等式（或会计方程式）。这个会计等式是基本的会计等式，又称为静态会计等式，用公式表示如下：

资产＝负债+所有者权益　　（静态会计等式）

随着企业生产经营活动的进行，企业会取得各种收入，同时会发生各种相关费用。收入减去费用后的净额为利润，利润的取得表明企业的资产和所有者权益的增加。因此，会计等式可以表示如下：

资产＝负债+所有者权益+利润　　（动态会计等式）

或：资产＝负债+所有者权益+收入－费用　　（动态会计等式）

此类会计等式动态地反映了企业财务状况和经营成果之间的关系，所以又称为动态会计等式。

六、经济业务发生对会计等式的影响

企业在生产经营活动中会发生各种经济业务，如购买原材料、销售商品等，这些经济业务的发生会引起会计要素的增减变动，但无论会计要素怎样变动，会计等式是不变的。

【例 1—1】 伟华电子公司开业后的一个月发生如下经济业务：

1. 6 月 1 日，伟军出资 60,000 元，惠华出资 40,000 元，伟华电子公司开业。会计等式如下：

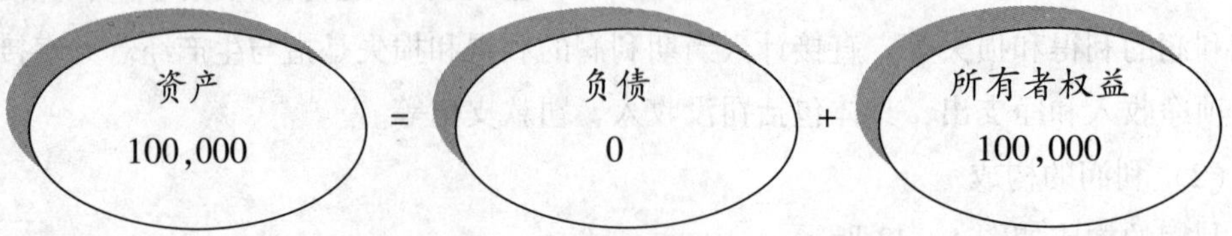

2. 6 月 2 日，伟华电子公司购入一批电子元器件，价款 150,000 元，因公司资金不足，欠购货款 50,000 元。

该项经济业务使公司的一项资产（库存商品）增加，一项负债（应付账款）增加，从而使资产和负债总额都增加了 50,000 元。会计等式如下：

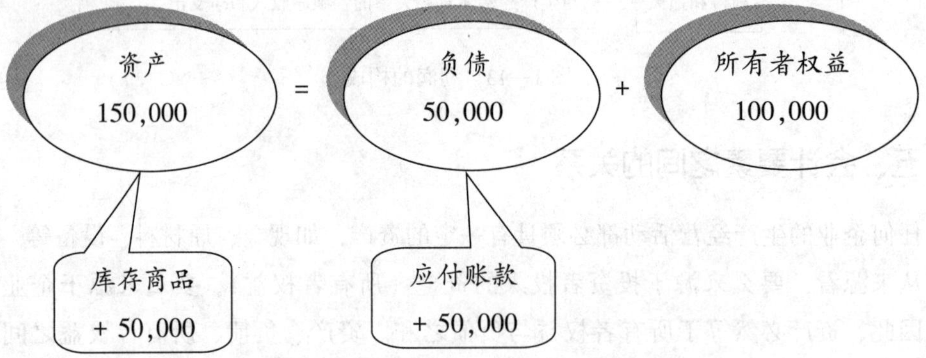

3. 伟华电子公司将电子元器件销售后，将利润 20,000 元进行投资。

该项经济业务使一项所有者权益（实收资本）增加 20,000 元，另一项所有者权益（未分配利润）减少 20,000 元。会计等式如下：

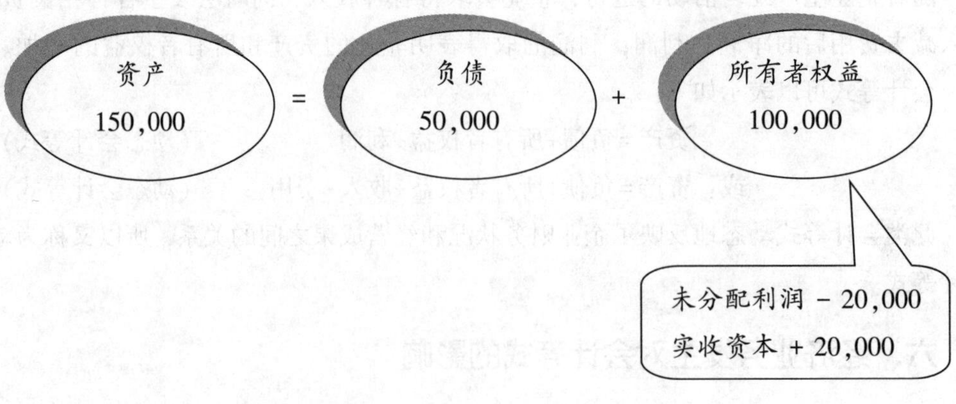

4. 6 月 6 日，伟华电子公司以银行存款归还欠款 20,000 元。

该项经济业务使公司的一项资产（银行存款）和一项负债（应付账款）同时减少 20,000 元。会计等式如下：

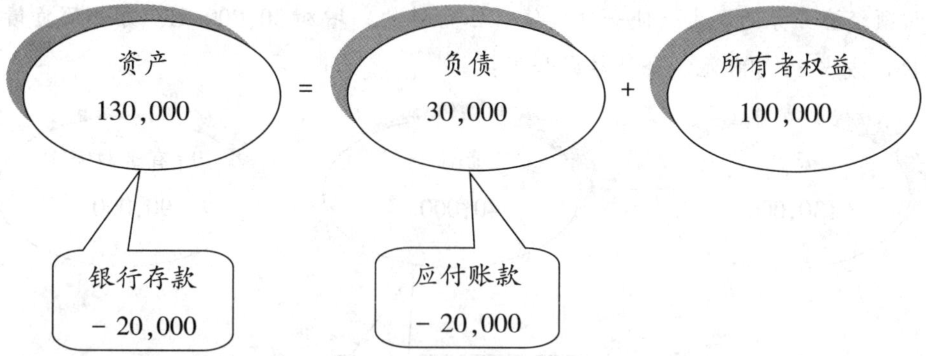

5. 6月16日，伟军与惠华认为应该拿出一部分钱作为自己的工资。于是，他们决定拿出10,000元两个人平均分配。

如果伟军和惠华雇用他人为本公司工作并支付工资，那么这笔支出被视为公司的费用，并在计算利润时扣减。而从利润中付给投资者的部分，应视为利润分配而不是"工资"。在本例中伟军与惠华拿出10,000元利润进行分配，使公司的所有者权益（未分配利润）减少10,000元，负债（应付利润）增加10,000元。会计等式如下：

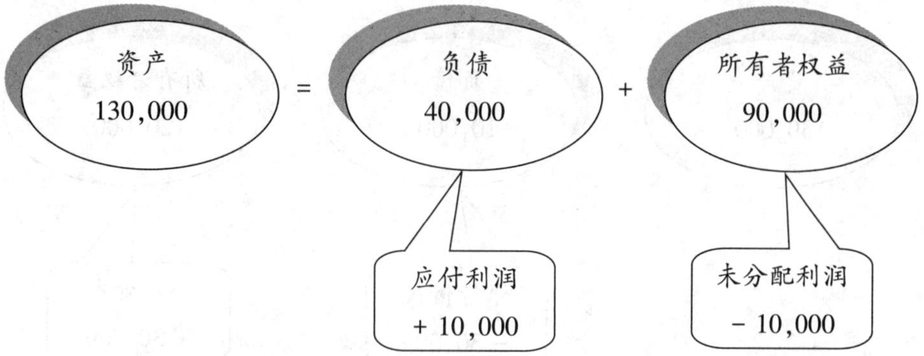

6. 6月17日，伟华电子公司购买了第二批电子元器件，价款50,000元。

该项经济业务使伟华公司的一项资产（库存商品）增加50,000元，另一项资产（银行存款）减少50,000元，资产总额不变。会计等式如下：

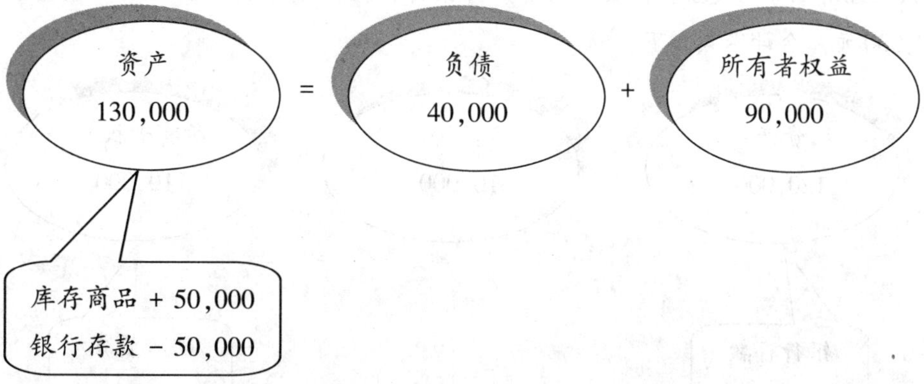

7. 6月19日，伟华电子公司从银行取得临时借款，用于归还欠款30,000元。

该项经济业务的发生，使一项负债（银行借款）增加 30,000 元，另一项负债（应付账款）减少 30,000 元。会计等式如下：

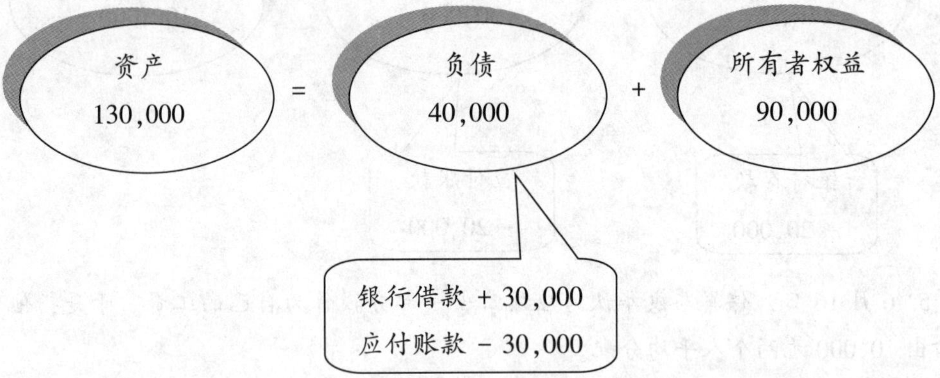

8. 6 月 20 日，惠华的朋友万杰认为伟华电子公司有发展前途，遂与伟军、惠华商议，准备投资入股，经伟军、惠华同意后，万杰投入 30,000 元，并用此款项归还银行借款。

该项经济业务的发生，使所有者权益增加 30,000 元，负债减少 30,000 元。会计等式如下：

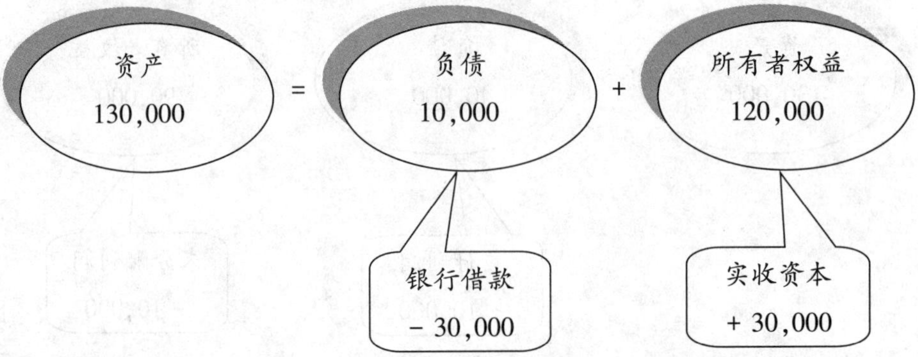

9. 6 月 22 日，伟军因家有急事，同惠华、万杰商量抽回自己的投资款 10,000 元，经二人同意后，以银行存款支付。

该项经济业务的发生，使公司的资产（银行存款）减少 10,000 元，所有者权益减少 10,000 元。会计等式如下：

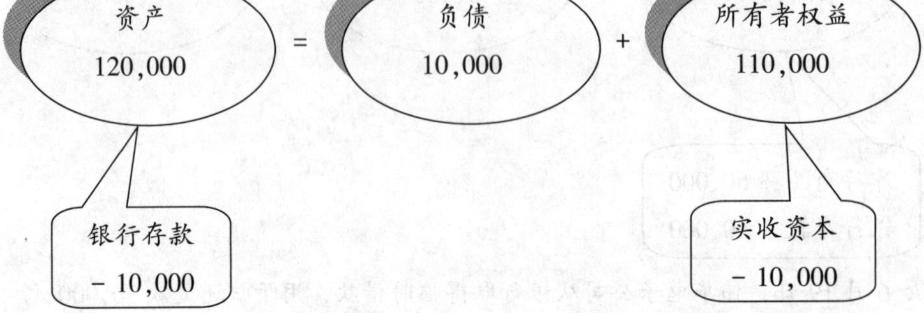

上述会计等式的变化情况可以用图 1—14 来表示。

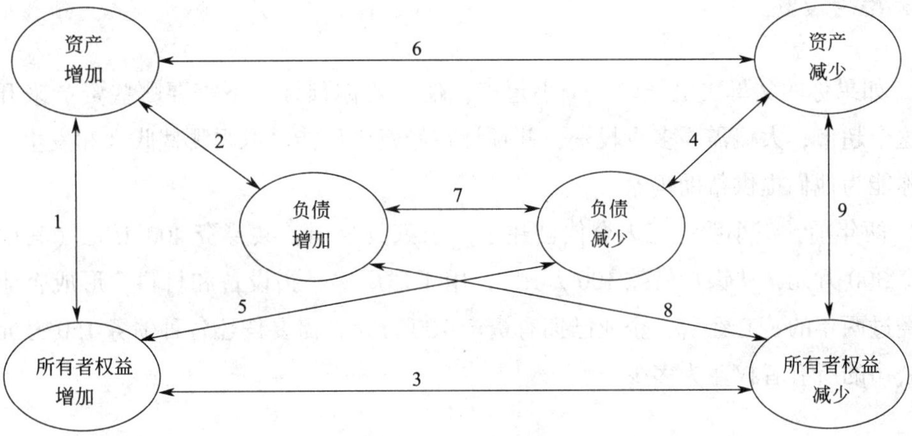

图 1—14 九项经济业务变化对会计等式的影响

任务实施

根据好友服装有限公司的经营状况，李佳应为唐伟做如下分析。

1. 王维和唐伟在公司开业投入注册资金时，公司的资产总额为 200,000 元，所有者权益为 200,000 元，会计等式如下：

资产(200,000)= 负债(0)+所有者权益(200,000)

2. 公司筹建期间，因资金短缺，他们向朋友王明借款 50,000 元，使公司的资产和负债同时增加 50,000 元，这时公司的总资产为 250,000 元，会计等式如下：

资产(250,000)= 负债(50,000)+所有者权益(200,000)

3. 公司添置设备、购置材料，使公司的资产（固定资产和原材料）增加 150,000 元，而使另一项资产（银行存款）减少 150,000 元，资产总额不变，会计等式同上。

4. 公司支付房屋租赁费 80,000 元、申领营业执照及其他费用 6,000 元，使公司的资产银行存款减少 86,000 元，费用增加 86,000 元，会计等式如下：

资产(250,000-86,000)= 负债(50,000)+所有者权益(200,000)+收入(0)-费用(86,000)

5. 公司经过近一个月的运营，共取得收入 62,200 元，扣除成本 49,500 元(18,000+31,500)、房屋租赁费 6,666.67 元（80,000÷12）、本月应摊销的注册费 500 元（6,000÷12）、设备折旧费 1,666.67 元（100,000÷5÷12），本月利润为 3,866.66 元。

思考题

1. 如果你的父母决定开设一个小超市，他们要你预计一下需要哪些资产来开设和维持这个超市，大概需要多少投资，并预计在经营中可能会取得哪些收入和发生哪些费用，你能为他们提供帮助吗？

2. 两年前，王小明等三人合伙创建了一家家具公司，共筹资 400 万元（其中合伙人投资 300 万元，从银行借款 100 万元），用于建厂房、买设备和材料，形成企业的资产。经过两年的苦心经营，企业已拥有资产 700 万元，需要偿还各种债务 150 万元，试计算公司的所有者权益为多少？

任务 2 账户的设置

知识目标

- 会计科目的分类及名称
- 账户的分类及基本结构

能力目标

- 能够根据业务设置账户

任务引入

好友服装有限公司经过近一个月的经营，获得了利润，王维和唐伟都很高兴。但是唐伟发现由于自己不懂财务知识，管理中经常遇到困难，他想根据自己公司成立以来的业务学习相关财务知识，懂得会计是如何记账的，那么唐伟根据本公司发生的业务应该设置哪些账户呢？

任务分析

好友服装有限公司是一家小公司，小公司在经营过程中所涉及的会计科目较少，会计核算较简单。唐伟要想了解会计是如何记账的，应该先学习企业的会计科目及账户的设置，然后根据自己企业的业务来确定应设置的账户。

相关知识

企业在生产经营过程中会发生各种经济业务，这些经济业务都必然会引起会计对象各个要素发生增减变动，但只通过会计要素的变化来反映企业的经济业务活动不够清晰、明确，当只有某一会计要素内部发生变化时，经济业务用会计要素的数量变化得不到反映。例如，好友服装有限公司用银行存款购买原材料，只涉及资产内部不同项目的数量增减变化，资产、负债、所有者权益三个会计要素的总额并没有发生变化，所以会计要素对这类经济业务不能清晰地反映。为此，必然要对会计要素的具体内容进一步分类，划分为能够对企业经济业务进行准确、详细反映的各个项目，即会计科目。企业应按照经济业务的性质和经营管理的要求设置会计科目。

一、会计科目

1. 会计科目的定义

会计科目是对会计要素按照不同的经济内容和管理需要进行分类的项目，是根据会计要素的具体内容和经济管理的需要而设置的，每一个会计科目都反映一项特定的经济内容。以服装厂为例，其会计要素如图 1—15 所示。

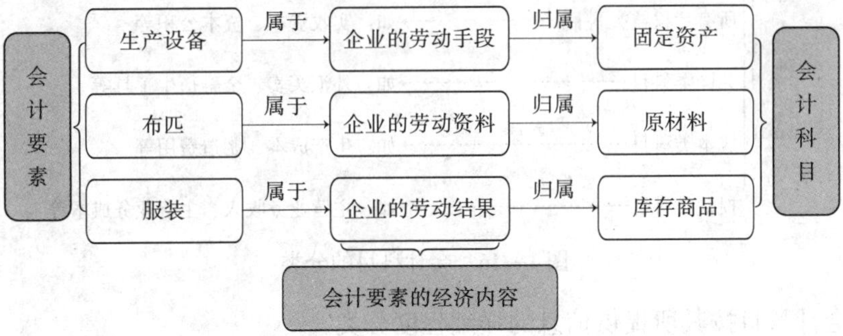

图 1—15　服装厂会计要素及相应的会计科目

2. 会计科目的设置原则

会计科目是复式记账、填制记账凭证、登记账簿和编制会计报表的基础，在会计核算中具有重要的意义。各单位都应根据本单位经济业务的特点设置相应的会计科目。在设置过程中，主要应遵循以下原则。

(1) 统一性原则

会计科目是由国家财政部统一制定的，《企业会计准则——应用指南》对会计科目的核算内容有统一的规定。国家统一会计科目的目的是统一会计报表的指标要求，便于国家的宏观经济管理。

（2）灵活性原则

国家统一的会计科目表是根据大多数企业的常规业务设置的，没有考虑各个企业的特殊性。由于每个企业都有自己的特点，内部经营管理对会计信息的要求也不尽相同，因此，企业在符合国家统一要求的原则下，可以具有一定的灵活性。企业可以根据本企业的实际情况增设、减少或合并某些会计科目。例如，如果企业很少会发生预收款的经济业务，可以不设“预收账款”这个会计科目；发生预收款业务时，可以在“应收账款”科目下核算。

（3）稳定性原则

企业在经营管理中需要通过会计核算提供指标，并且要求所提供的指标不同时期能够进行对比，这就要求会计科目要保持相对稳定，尤其是在年度中间一般不得变更会计科目。

3. 会计科目的分类

（1）会计科目按经济内容分类

企业根据会计核算和加强资金管理的需要所设置的会计科目，按其反映经济内容的不同，其分类如图 1—16 所示。

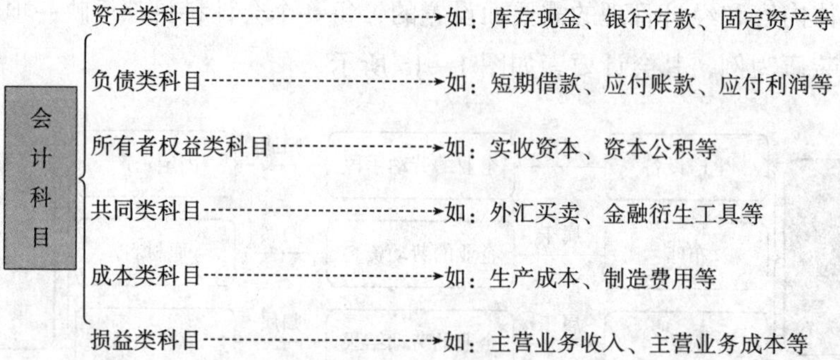

图 1—16　会计科目的分类

（2）会计科目按其所提供信息的详细程度分类

一般情况下，企业信息的外部使用者需要的是企业综合的会计数据，如企业的应付账款、应收账款的金额等，并不需要知道该企业应付、应收账款的对象；但作为企业内部的管理者，为了经营管理的需要，不仅要知道企业的应付账款、应收账款的金额，还需要知道这些账款的对象。所以，会计上既要设置总分类科目，还要设置明细分类科目。会计科目按其所提供信息的详细程度可分为总分类科目和明细分类科目。

总分类科目（即总账科目或一级科目）是总括反映会计要素具体内容的科目，为企业提供总括的会计核算资料，是企业进行总分类核算的依据，如“应收账款”“应付账款”“应交税费”“长期股权投资”等科目。

明细分类科目包括子目和细目。子目（即二级科目）是把总分类科目所反映的经济内容进行较为详细分类的科目，是介于总分类科目与明细科目之间的会计科目，比总分类科目详细，但不如明细科目详细。细目（即三级科目或明细科目）为企业提供更详细的会计核算资料，是对二级科目所反映的经济内容进行更详细分类的科目，除会计制度另有规定之外，单位可以根据经营管理的实际需要自行确定。在会计实务中，只有极少数总分类会计科目不必设置明细分类科目（如“现金”“累计折旧”），多数的总分类科目都要设置明细分类科目。

下面通过“原材料”这个总分类科目与明细分类科目来了解它们之间的关系，如图 1—17 所示。

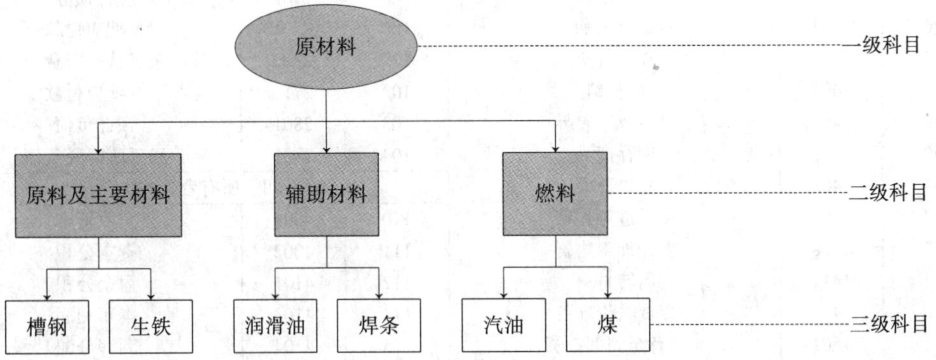

图 1—17 “原材料”会计科目分类明细

4. 会计科目的编号

在会计实务中，为了便于会计处理，尤其是为了适应会计电算化的需要，应该对会计科目按照一定标准进行编号。

目前，我国会计科目的编号一般采用“四位数码”编号法，其中第一位数（千位数）表示该会计科目的大类，如“1”代表资产类账户，“2”代表负债类账户，“3”代表共同类账户（用于核算外汇买卖、金融衍生工具、套期工具及被套期项目所设置的科目），“4”代表所有者权益类账户，“5”代表成本类账户，“6”代表损益类账户；第二位数（百位数）表示其所属的小类；第三位数和第四位数（十位数和个位数）表示该会计科目在相应类别中的顺序号，会计科目顺序号在编号时一般留有空号，便于会计科目的增补，如资产类账户“预付账款”与“应收股利”之间就留有空号。应特别注意，在人工记账的方式下，会计人员进行账务处理时，不能只有会计科目的编号而无会计科目名称。在会计电算化系统中，应在开始时就设计有“会计科目名称及编号表”，便于电算化的会计处理。表 1—1 给出的是我国现行《企业会计准则》规定的常用企业会计科目名称及编号。

表 1—1　　　　企业常用会计科目表

顺序号	编号	会计科目名称
		一、资产类
1	1001	库存现金
2	1002	银行存款
5	1012	其他货币资金
8	1101	交易性金融资产
10	1121	应收票据
11	1122	应收账款
12	1123	预付账款
13	1131	应收股利
14	1132	应收利息
18	1221	其他应收款
19	1231	坏账准备
26	1401	材料采购
27	1402	在途物资
28	1403	原材料
29	1404	材料成本差异
30	1405	库存商品
31	1406	发出商品
32	1407	商品进销差价
33	1408	委托加工物资
34	1411	周转材料
40	1471	存货跌价准备
41	1501	持有至到期投资
42	1502	持有至到期投资减值准备
43	1503	可供出售的金融资产
44	1511	长期股权投资
45	1512	长期股权投资减值准备
46	1521	投资性房地产
47	1531	长期应收款
48	1532	未实现融资收益
50	1601	固定资产
51	1602	累计折旧
52	1603	固定资产减值准备
53	1604	在建工程
54	1605	工程物资
55	1606	固定资产清理
62	1701	无形资产
63	1702	累计摊销
64	1703	无形资产减值准备
65	1711	商誉
66	1801	长期待摊费用
67	1811	递延所得税资产
69	1901	待处理财产损益
		二、负债类
70	2001	短期借款
77	2101	交易性金融负债
79	2201	应付票据
80	2202	应付账款
81	2203	预收账款
82	2211	应付职工薪酬
83	2221	应交税费
84	2231	应付利息
85	2232	应付股利
86	2241	其他应付款
93	2401	递延收益
94	2501	长期借款
95	2502	应付债券
100	2701	长期应付款
101	2702	未确认融资费用
102	2711	专项应付款
103	2801	预计负债
104	2901	递延所得税负债
		四、所有者权益类
110	4001	实收资本
111	4002	资本公积
112	4101	盈余公积
114	4103	本年利润
115	4104	利润分配
116	4201	库存股
		五、成本类
117	5001	生产成本
118	5101	制造费用
119	5201	劳务成本
120	5301	研发支出
		六、损益类
124	6001	主营业务收入
129	6051	其他业务收入
131	6101	公允价值变动损益
132	6111	投资收益
136	6301	营业外收入
137	6401	主营业务成本
138	6402	其他业务成本
139	6403	税金及附加
149	6601	销售费用
150	6602	管理费用
151	6603	财务费用
153	6701	资产减值损失
154	6711	营业外支出
155	6801	所得税费用
156	6901	以前年度损益调整

附注：小企业可以根据实际需要对上述科目做必要的增减或合并。

二、账户

会计科目只是规定了会计要素具体内容进行分类核算的类别名称，还不能把发生的经济业务连续、系统地记录下来。为了能够连续、系统、全面地记录由于经济业务的发生而引起的会计要素的增减变动，提供各种会计信息，会计核算中必须根据规定的会计科目开设账户。

1. 账户的定义

账户是根据会计科目开设的，具有一定的格式和结构，用于分类反映会计要素增减变动及其结果的一种工具。

账户就像每个家庭户口簿中的一页页卡片，每个家庭成员有一页卡片，每页卡片按规定的格式记录家庭成员的基本情况及变动情况。

2. 账户的分类

(1) 账户按其所提供信息的详细程度分类

账户按其所提供信息详细程度的不同可分为总分类账户和明细分类账户，如图 1—18 所示。

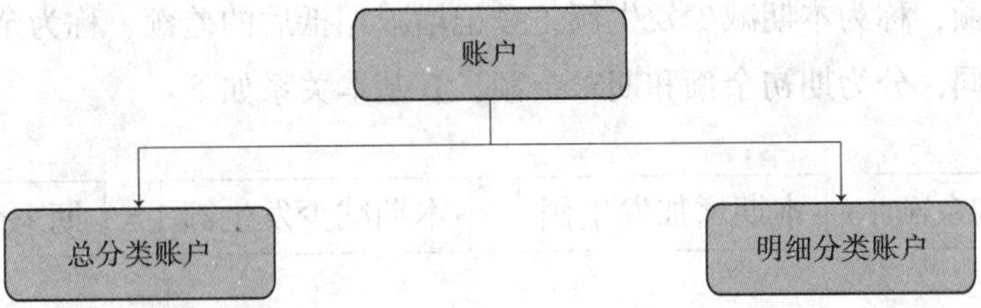

图 1—18 账户按其所提供信息的详细程度分类

总分类账户是指根据总分类科目设置的，用于对会计要素具体内容进行总括分类核算的账户，简称总账账户或总账。

明细分类账户是指根据明细分类科目设置的，用于对会计要素具体内容进行明细分类核算的账户，简称明细账。

总分类账户称为一级账户，总分类账户以下的账户称为明细分类账户。

(2) 账户按其所反映的经济内容分类

账户按其所反映的经济内容分类就是账户按会计要素分类。根据账户所反映的经济内容，可将其分为资产类账户、负债类账户、所有者权益类账户、成本类账户、损益类账户、共同类账户等六类。

账户按其所反映的经济内容分类，如图 1—19 所示。

账户
- 资产类账户——→如：库存现金、银行存款、交易性金融资产、应收票据等
- 负债类账户——→如：短期借款、应付票据、应付账款、应付职工薪酬等
- 所有者权益类账户——→如：实收资本（或股本）、盈余公积、资本公积、未分配利润等
- 成本类账户——→如：生产成本、制造费用、劳务成本等
- 损益类账户——→如：主营业务收入、其他业务收入、主营业务成本、管理费用等
- 共同类账户——→如：外汇买卖、金融衍生工具等

图 1—19　账户按其所反映的经济内容分类

3. 账户的结构

（1）账户的基本结构

账户是在分类的基础上汇集经济业务数据的工具，因此它必须具有合理的结构，这也是账户不同于会计科目之所在。账户的基本结构是由会计要素的数量变化情况决定的。经济业务发生所引起的各项会计要素的变动，从数量上看不外乎增加和减少两种情况，因此，账户的结构也相应地分为左方、右方两个方向，一方登记增加，另一方登记减少。至于哪一方登记增加金额，哪一方登记减少金额，其余额在哪一方，则取决于所采用的记账方法和账户本身的性质。登记本期增加的金额，称为本期增加发生额；登记本期减少的金额，称为本期减少发生额；登记增减相抵后的差额，称为余额。余额按照表示的时间不同，分为期初余额和期末余额，其基本关系如下：

期初余额 + 本期增加发生额 − 本期减少发生额 = 期末余额

上式中的四个部分称为账户的四个金额要素。

账户的基本结构具体包括账户名称（会计科目）、记录经济业务的日期、所依据的记账凭证编号、经济业务摘要、增减金额、余额等。

（2）账户的格式

账户的简化格式：反映账户基本结构最简单的形式是“T”型账户，其格式见表 1—2。

表 1—2　　　　**“T”型账户**

左方（借）	账户名称	右方（贷）

账户的标准格式：即书面格式，它是指在实际工作中，各单位按照《中华人民共和国会计法》和国家统一会计制度的要求，必须使用的正规会计账户，其格式见表1—3。

表1—3 ××账户

___级科目 编号及名称______

___级科目 编号及名称______

年		凭证编号	摘要	借方	贷方	借或贷	余额	√
月	日							

三、会计科目与账户的关系

1. 两者的联系

会计科目与账户都是对会计对象具体内容的科学分类，两者口径一致，性质相同。会计科目既是账户的名称，也是设置账户的依据；账户是会计科目的具体运用。没有会计科目，账户便失去了设置的依据；没有账户，就无法发挥会计科目的作用。

2. 两者的区别

会计科目仅仅是账户的名称，不存在结构，因为会计科目只能界定经济业务发生变化所涉及的会计要素具体内容的项目，但不能对变化加以记录；而账户则具有一定的格式和结构，因为账户是用来记录经济业务发生变化及其结果的载体。

在实际工作中，对会计科目和账户一般不严格区分，且可以相互通用。

任务实施

唐伟根据本公司已发生的经济业务应设置如下账户：

1. 资产类账户

公司成立时，要将注册资金存入银行，所以应设置“银行存款”账户。

公司购置设备应设置“固定资产”账户，固定资产在使用过程中会发生磨损，其磨损的价值通过提取折旧的形式得以补偿，所以，还应设置“累计折旧”账户。

公司购买材料应设置“原材料”账户，如果公司对材料采用实际成本核算，还应设置“在途物资”账户；如果公司对材料采用计划成本核算，还应设置“材料采购”“材料成本差异”账户。

2. 负债类账户

公司在成立过程中向朋友借钱，应设置“应付账款”账户。

3. 所有者权益类账户

注册资金的投入使公司的所有者权益增加，应设“实收资本（或股本）”账户。

4. 损益类账户

公司销售服装取得收入，应设置“主营业务收入”账户；同时要结转成本，应设置“主营业务成本”账户；支付厂房租赁费、注册费用，应设置“管理费用”账户。

此外，公司要进行服装生产和销售，还应设置“生产成本”“库存商品”“应收账款”“坏账准备”“本年利润”“应交税费——应交增值税”“应交税费——应交城市维护建设税”“应交税费——应交教育费附加”“应交税费——应交所得税”等账户。

思考题

1. 通过这个任务我们学习了会计科目及账户，那么你知道它们是由哪个部门制定的吗？企业自身可以随意增减会计科目吗？

2. 假如你要开一家广告公司，需要筹集哪些资金，又需要设置哪些账户呢？

任务 3　会计分录的编制

知识目标

- 借贷记账法
- 会计分录

能力目标

- 能够应用借贷记账法对简单的经济业务进行账务处理
- 能够编制简单的会计分录

任务引入

任务 2 中唐伟学会了针对公司成立以来的业务进行账户设置，那么对好友服装有限公司成立后的如下经济业务该如何在每个账户中登记呢？王维和唐伟每人出资 100,000 元，添置设备 100,000 元，购置材料 50,000 元，支付房屋租赁费 80,000 元，申领营业执照注册及其他费用共计 6,000 元；筹建期间，他们向朋友借用 50,000 元资金；10 月份，好友服装有限公司为益达食品厂加工了工作服，成本为 18,000 元，销售收入为 21,600 元；取得的服装设计费收入 2,800 元；公司自行设计并加工服装 300 套，成本为 31,500 元，获得销售收入 37,800 元。

任务分析

唐伟学会了账户的设置，但是将经济业务登记在账户中还必须掌握相应的规则和方法。为此，唐伟应继续学习复式记账法、借贷记账法、会计分录的编制等账务处理方法。

相关知识

会计等式“资产=负债+所有者权益”说明经济业务的发生不影响会计等式的平衡，因此，任何一笔交易都具有双重影响：若经济业务改变了资产，那么负债与所有者权益总额也会随之改变，反之也是如此。为了体现经济业务的双重影响，会计上引入了“复式记账法”。

一、单式记账法与复式记账法

各企事业单位对日常发生的各种经济业务在账户中登记时有单式记账法与复式记账法之分。

单式记账法是对每项经济业务只在一个账户中进行登记的简单记账方法，这种记账方法使得账户记录失去必要的相互联系。例如，好友服装有限公司用现金购买材料时，用单式记账法只记录库存现金的减少，不反映材料的增加。因此，单式记账法下的各个账户不存在数字上的平衡关系，不便于检查账户记录的正确性与完整性。经济活动越复杂，单式记账法就越不能适应会计核算的需要。

复式记账法是相对单式记账法而言的，它是对发生的每一项经济业务都以相等的金额，同时在相互联系的两个或两个以上账户进行登记的方法。例如，好友服装有限公司用现金购买材料时，一方面使公司的库存现金减少，另一方面使公司的原材料增加，按复式记账法的要求，对该笔经济业务应在“库存现金”与“原材料”两个账户进行登记，在记录库存现金减少的同时，记录原材料的增加，这样既反映了库存现金的减少是用来购买原材料，又反映了原材料的增加，由此使相互联系的账户之间保持相互制约的数量关系。也正是由于这种数量关系的存在，使某一会计期间的会计记录可以进行试算平衡，如图 1—20 所示。

注：会计期间是指将一个企业持续经营的生产经营活动划分为一个个连续的、长短相同的期间，一般将会计期间按年划分，称为会计年度。我国会计法规定以日历年度（公历 1 月 1 日至 12 月 31 日）作为一个会计年度。

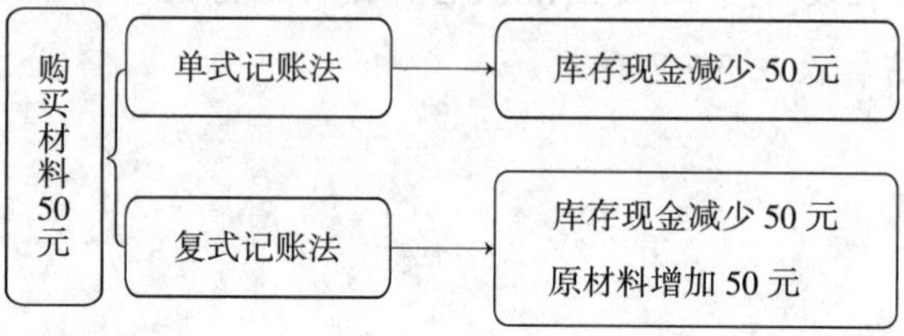

图 1—20 单式记账法和复式记账法对比

与单式记账法相比，复式记账法具有以下特点。

1. 复式记账法对于每一笔经济业务引起的资金变动都在两个或两个以上相互联系的账户中进行登记，不仅可以反映每一笔经济业务引起资金增减变动的来龙去脉，而且将某一期间发生的全部经济业务作为一个有机的整体进行全面、系统、综合的反映。

2. 复式记账法以相等金额在两个或两个以上相互联系的账户中进行登记，会计记录可以进行试算平衡。

在复式记账法中，由于采用的记账符号和记账规则不同，又分为借贷记账法、增减记账法、收付记账法。我国现行的《企业会计准则》规定企业应当采用借贷记账法。

二、借贷记账法

1. 借贷记账法的定义

借贷记账法是以“借”“贷”为记账符号，对每一笔经济业务都要在两个或两个以上的账户中以借贷相等金额进行登记的一种复式记账方法。

2. 借贷记账法的记账符号

以“借”和“贷”作为记账符号，分别作为账户的左方和右方。至于“借”表示增加还是“贷”表示增加，则取决于账户的性质及结构。

在借贷记账法下，一般“借”表示资产、成本费用的增加和负债、所有者权益、收入的减少，“贷”表示资产、成本费用的减少和负债、所有者权益、收入的增加。

3. 借贷记账法的账户结构

（1）资产类账户的基本结构

资产类账户的借方登记资产的增加数，贷方登记资产的减少数，期初及期末余额一般在借方。资产类账户的基本结构及发生额与余额之间的关系见表1—4。

表1—4　　资产类账户

年		凭证编号	摘要	借方	贷方	借或贷	余额	√
月	日							
			期初余额			借		
				本期增加数				√
				……				
					本期减少数			√
					……			
			期末余额			借		

借方：合计数为：本期借方发生额

贷方：合计数为：本期贷方发生额

借或贷及余额：表示期末借方余额＝期初借方余额＋本期借方发生额－本期贷方发生额

（2）负债及所有者权益类账户的基本结构

负债及所有者权益类账户的借方登记负债及所有者权益的减少数，贷方登记负债及所有者权益的增加数，期初及期末余额一般在贷方。负债及所有者权益类账户的基本结构及发生额与余额之间的关系见表1—5。

表1—5　　负债及所有者权益类账户

年		凭证编号	摘要	借方	贷方	借或贷	余额	√
月	日							
			期初余额			贷		
				本期减少数				√
				……				
					本期增加数			√
					……			
			期末余额			贷		

借方：合计数为：本期借方发生额

贷方：合计数为：本期贷方发生额

借或贷及余额：表示期末贷方余额＝期初贷方余额＋本期贷方发生额－本期借方发生额

（3）成本类账户的基本结构

成本类账户的借方登记增加额，贷方登记减少额，期末账户若有余额一般反映在借方。成本类账户的基本结构及发生额与余额之间的关系见表1—6。

表1—6 **成本类账户**

年 月	日	凭证编号	摘要	借方	贷方	借或贷	余额	√
			期初余额			借		
				本期增加数				√
				……				
					本期减少数			√
					……			
			期末余额			借		

借方：合计数为：本期借方发生额

贷方：合计数为：本期贷方发生额

余额：表示期末借方余额 = 期初借方余额 + 本期借方发生额 − 本期贷方发生额

（4）损益类账户

损益类账户包括收入类账户和费用、支出类账户两大类。

1）收入类账户。收入类账户与负债及所有者权益类账户的结构基本相同，即借方登记收入的减少数以及期末结转入“本年利润”账户的数额，贷方登记收入的增加数，期末结转后该类账户一般无余额。账户的发生额填制见表1—7。

表1—7 **收入类账户**

年 月	日	凭证编号	摘要	借方	贷方	借或贷	余额	√
				本期减少或转销数				√
				……				
					本期增加数			√
					……			

借方：合计数为：本期借方发生额

贷方：合计数为：本期贷方发生额

余额：期末一般无余额

2）费用、支出类账户。费用、支出类账户的结构与资产类账户的结构基本相同，即借方登记费用的增加数，贷方登记费用的减少数以及期末结转入“本年利润”账户数额，期末结转后该类账户一般无余额。账户的发生额填制见表1—8。

表1—8　　费用、支出类账户

年		凭证编号	摘要	借方	贷方	借或贷	余额	√
月	日							
				本期增加数				√
				……				
					本期减少数			√
					……			
				合计数为：本期借方发生额	合计数为：本期贷方发生额	期末一般无余额		

4. 借贷记账法的记账规则

借贷记账法的记账规则为：有借必有贷，借贷必相等。即对于每笔经济业务都要在两个或两个以上相互联系的账户中以借方和贷方相等的金额进行登记。在借贷记账法下，对所发生的每一笔经济业务，都必须记入一个账户的借方，同时记入另一个或几个账户的贷方；或者记入一个账户的贷方，同时记入另一个或几个账户的借方；或者记入几个账户的借方，同时记入另几个账户的贷方，并且记入借方的金额和记入贷方的金额必须相等。

5. 借贷记账法的试算平衡

试算平衡是指根据资产与负债及所有者权益的恒等关系以及借贷记账法的记账规则，检查所有账户记录是否正确的过程。

试算平衡具体包括发生额试算平衡法和余额试算平衡法两种方法。

（1）发生额试算平衡法

发生额试算平衡法是根据本期所有账户借方发生额合计与贷方发生额合计的恒等关系，检验本期发生额记录是否正确的方法，公式为：

全部账户本期借方发生额合计=全部账户本期贷方发生额合计

发生额试算平衡法的理论依据是“有借必有贷，借贷必相等”这一借贷记账法的记账规则。在借贷记账法下，每一笔经济业务都要以相等的金额分别记入两个或两个以上相关账户的借方和贷方，借贷双方的发生额必然相等。推而广之，将一定时期内的经济业务全部记入有关账户之后，所有账户的借方发生额合计与贷方发生额合计也必然相等。

发生额试算平衡法是通过编制发生额试算平衡表进行的。发生额试算平衡表的格式见表1—9。

表1—9　发生额试算平衡表

××××年××月　单位：元

会计科目	借方发生额	贷方发生额
……	……	……
合计		

（2）余额试算平衡法

余额试算平衡法是指根据本期所有账户借方余额合计与贷方余额合计的恒等关系，检验本期账户记录是否正确的记账方法。

根据余额时间不同又分为期初余额平衡与期末余额平衡两类。期初余额平衡是期初所有账户借方余额合计与贷方余额合计相等，期末余额平衡是期末所有账户借方余额合计与贷方余额合计相等，这是由“资产=负债+所有者权益”的恒等关系决定的，公式为：

全部账户的期初（期末）借方余额合计=全部账户的期初（期末）贷方余额合计

在实际工作中，余额试算平衡是通过编制试算平衡表方式进行的。试算平衡表的格式举例说明见表1—10。

表1—10　余额试算平衡表

××××年××月　单位：元

会计科目	期初余额		本期发生额		期末余额	
	借方	贷方	借方	贷方	借方	贷方
库存现金	1,000		120,000		121,000	
银行存款	240,000		120,000	200,000	160,000	
应收账款	94,000				94,000	
原材料	49,000				49,000	
固定资产	186,000				186,000	
无形资产	112,000				112,000	
短期借款		148,000	140,000	20,000		28,000
应付账款		96,000	90,000			6,000
应付股利				36,000		36,000
长期借款		50,000		140,000		190,000
实收资本		280,000		190,000		470,000
资本公积		8,000				8,000
盈余公积		100,000	90,000	10,000		20,000
利润分配			36,000		36,000	
合计	682,000	682,000	596,000	596,000	758,000	758,000

上述余额试算平衡表根据有关账户的本期发生额和余额填列。该表表明，所有账户期初借方余额合计682,000元与贷方余额合计682,000元相等，所有账户本期借方发生额合计596,000元与贷方发生额合计596,000元相等，所有账户期末借方余额合计758,000元与贷方余额合计758,000元相等。

在编制试算平衡表时，还应注意以下几点。

第一，要将所有账户的余额均记入试算平衡表，因为缺少任何一个账户的余额，都会造成期初或期末借方与贷方余额合计数不相等。

第二，若试算平衡表借贷不相等，账户记录一定有错误，应认真查找，直到平衡为止。

第三，试算平衡表的平衡关系并不能说明账户记录绝对正确。因为漏记、重记某项经济业务，借贷方向颠倒或记错有关账户等错误并不会影响借贷双方的平衡关系。

三、会计分录

1. 会计分录的概念

会计分录是依据借贷记账法的记账规则对经济业务列示应借应贷账户及其金额的一种书面记录，简称分录。会计分录由应借应贷方向、对应账户（科目）名称及应记金额三要素构成。在实际工作中，会计分录是在记账凭证上编制的，见表1—11（楷体字加粗部分是会计分录）。

表1—11 **记账凭证**

××××年××月××日　　第　　号

摘　要	总账科目	明细科目	借方金额									贷方金额									记账
			百	十	万	千	百	十	元	角	分	百	十	万	千	百	十	元	角	分	√
买办公用品	管理费用						5	0	0	0	0										
	库存现金															5	0	0	0	0	
附件　张	合　　计					¥	5	0	0	0	0				¥	5	0	0	0	0	

会计主管：××　会计：××　记账：××　审核：××　制单：××

2. 会计分录的分类

按照所涉及账户的多少，会计分录可分为简单会计分录和复合会计分录。

（1）简单会计分录

简单会计分录是指只涉及一个账户借方和另一个账户贷方的会计分录，即一借一贷的会计分录。例如，企业从银行提取现金2,300元，会计分录见表1—12。

表 1—12　　　　　　　　　　**记账凭证**

只有一个借方科目

××××年××月××日　　　　　　　第　　号

摘　要	总账科目	明细科目	借方金额									贷方金额									记账
			百	十	万	千	百	十	元	角	分	百	十	万	千	百	十	元	角	分	√
提取现金	库存现金					2	3	0	0	0	0										
	银行存款														2	3	0	0	0	0	
附件　张	合　计				¥	2	3	0	0	0	0			¥	2	3	0	0	0	0	

会计主管：××　　会计：××　　记账：××　　审核：××　　制单：××

只有一个贷方科目

（2）复合会计分录

复合会计分录是指由两个以上（不含两个）对应账户所组成的会计分录，即一借多贷、一贷多借或多借多贷的会计分录。例如，企业以现金偿还应付供货单位的材料款 3,000 元以及其他款项 500 元，会计分录见表 1—13。

表 1—13　　　　　　　　　　**记账凭证**

××××年××月××日　　　　　　　第　　号

摘　要	总账科目	明细科目	借方金额									贷方金额									记账
			百	十	万	千	百	十	元	角	分	百	十	万	千	百	十	元	角	分	√
偿还欠款	应付账款					3	0	0	0	0	0										
	其他应付款						5	0	0	0	0										
	库存现金														3	5	0	0	0	0	
附件　张	合　计				¥	3	5	0	0	0	0			¥	3	5	0	0	0	0	

核准：××　　复核：××　　记账：××　　出纳：××　　制单：××

两个借方科目　　　　一个贷方科目

由于复合分录能够集中反映经济业务发生所涉及的有关账户之间的对应关系，并简化记账手续，因此，在会计日常工作中出现的频率较高。但是，不能单纯为了简化手续而编制“多借多贷”的会计分录，因为“多借多贷”的会计分录不能直观地反映账户之间的对应关系。

任务实施

根据好友服装有限公司已发生的经济业务，唐伟应在以下账户进行登记。

1. 好友服装有限公司成立时的注册资金200,000元，应做如下处理，见表1—14。

表1—14

记账凭证

2017年9月8日　　　　第 1 号

摘 要	总账科目	明细科目	借方金额									贷方金额									记账
			百	十	万	千	百	十	元	角	分	百	十	万	千	百	十	元	角	分	√
收到注册资金	银行存款			2	0	0	0	0	0	0	0										
	实收资本												2	0	0	0	0	0	0	0	
附件 张	合 计		¥	2	0	0	0	0	0	0	0	¥	2	0	0	0	0	0	0	0	

会计主管：×× 会计：×× 记账：×× 审核：×× 制单：××

2. 公司注册过程中发生的费用共计6,000元，应做如下处理，见表1—15。

表1—15

记账凭证

2017年9月10日　　　　第 2 号

摘 要	总账科目	明细科目	借方金额									贷方金额									记账
			百	十	万	千	百	十	元	角	分	百	十	万	千	百	十	元	角	分	√
支付公司注册费	管理费用					6	0	0	0	0	0										
	银行存款														6	0	0	0	0	0	
附件 张	合 计				¥	6	0	0	0	0	0			¥	6	0	0	0	0	0	

会计主管：×× 会计：×× 记账：×× 审核：×× 制单：××

3. 公司购置设备100,000元，应做如下处理，见表1—16。

表1—16

记账凭证

2017年9月18日　　　　第 3 号

摘 要	总账科目	明细科目	借方金额									贷方金额									记账
			百	十	万	千	百	十	元	角	分	百	十	万	千	百	十	元	角	分	√
购置设备	固定资产			1	0	0	0	0	0	0	0										
	银行存款												1	0	0	0	0	0	0	0	
附件 张	合 计		¥	1	0	0	0	0	0	0	0	¥	1	0	0	0	0	0	0	0	

会计主管：×× 会计：×× 记账：×× 审核：×× 制单：××

4. 购置材料 50,000 元，应做如下处理，见表 1—17。

表 1—17

记账凭证

2017 年 9 月 30 日　　　　第 4 号

摘要	总账科目	明细科目	借方金额									贷方金额									记账
			百	十	万	千	百	十	元	角	分	百	十	万	千	百	十	元	角	分	√
购置材料	原材料				5	0	0	0	0	0	0										
	银行存款													5	0	0	0	0	0	0	
附件　张	合计			¥	5	0	0	0	0	0	0		¥	5	0	0	0	0	0	0	

会计主管：××　会计：××　记账：××　审核：××　制单：××

5. 向朋友借款 50,000 元，应做如下处理，见表 1—18。

表 1—18

记账凭证

2017 年 10 月 5 日　　　　第 5 号

摘要	总账科目	明细科目	借方金额									贷方金额									记账
			百	十	万	千	百	十	元	角	分	百	十	万	千	百	十	元	角	分	√
向朋友借款	银行存款				5	0	0	0	0	0	0										
	应付账款	王明												5	0	0	0	0	0	0	
附件　张	合计			¥	5	0	0	0	0	0	0		¥	5	0	0	0	0	0	0	

会计主管：××　会计：××　记账：××　审核：××　制单：××

6. 支付房屋租赁费 80,000 元，应做如下处理，见表 1—19。

表 1—19

记账凭证

2017 年 10 月 6 日　　　　第 6 号

摘要	总账科目	明细科目	借方金额									贷方金额									记账
			百	十	万	千	百	十	元	角	分	百	十	万	千	百	十	元	角	分	√
支付房屋租赁费	管理费用				8	0	0	0	0	0	0										
	银行存款													8	0	0	0	0	0	0	
附件　张	合计			¥	8	0	0	0	0	0	0		¥	8	0	0	0	0	0	0	

会计主管：××　会计：××　记账：××　审核：××　制单：××

7. 公司为益达食品厂加工了一批工作服，取得销售收入为21,600元，成本为18,000元，应做如下处理：主营业务收入＝21,600元，应交增值税＝21,600×3%＝648元，见表1—20、表1—21。

表1—20 **记账凭证**

2017年10月16日 第 7 号

摘要	总账科目	明细科目	借方金额									贷方金额									记账
			百	十	万	千	百	十	元	角	分	百	十	万	千	百	十	元	角	分	√
收到销货款	银行存款				2	2	2	4	8	0	0										
	主营业务收入													2	1	6	0	0	0	0	
	应交税费	应交增值税														6	4	8	0	0	
附件 张	合 计			¥	2	2	4	8	0	0	0		¥	2	2	4	8	0	0	0	

会计主管：×× 会计：×× 记账：×× 审核：×× 制单：××

表1—21 **记账凭证**

2017年10月16日 第 8 号

摘要	总账科目	明细科目	借方金额									贷方金额									记账
			百	十	万	千	百	十	元	角	分	百	十	万	千	百	十	元	角	分	√
结转销售成本	主营业务成本				1	8	0	0	0	0	0										
	库存商品													1	8	0	0	0	0	0	
附件 张	合 计			¥	1	8	0	0	0	0	0		¥	1	8	0	0	0	0	0	

会计主管：×× 会计：×× 记账：×× 审核：×× 制单：××

8. 服装设计费收入2,800元，应做如下处理，见表1—22。

表1—22 **记账凭证**

2017年10月22日 第 9 号

摘要	总账科目	明细科目	借方金额									贷方金额									记账
			百	十	万	千	百	十	元	角	分	百	十	万	千	百	十	元	角	分	√
收到设计费	银行存款					2	8	8	4	0	0										
	其他业务收入														2	8	0	0	0	0	
	应交税费	应交增值税															8	4	0	0	
附件 张	合 计				¥	2	8	8	4	0	0			¥	2	8	8	4	0	0	

会计主管：×× 会计：×× 记账：×× 审核：×× 制单：××

9. 公司自行设计并加工服装 300 套，成本为 31,500 元，获得销售收入 37,800 元，应做如下处理：主营业务收入 = 37,800 元，应交增值税 = 37,800×3% = 1,134 元，见表 1—23、表 1—24。

表 1—23

记账凭证

2017 年 10 月 29 日　　　　第　10　号

摘　要	总账科目	明细科目	借方金额									贷方金额									记账
			百	十	万	千	百	十	元	角	分	百	十	万	千	百	十	元	角	分	√
收到销货款	银行存款				3	8	9	3	4	0	0										
	主营业务收入													3	7	8	0	0	0	0	
	应交税费	应交增值税													1	1	3	4	0	0	
附件　张	合　计			¥	3	8	9	3	4	0	0		¥	3	8	9	3	4	0	0	

会计主管：××　会计：××　记账：××　审核：××　制单：××

表 1—24

记账凭证

2017 年 10 月 29 日　　　　第　11　号

摘　要	总账科目	明细科目	借方金额									贷方金额									记账
			百	十	万	千	百	十	元	角	分	百	十	万	千	百	十	元	角	分	√
结转销售成本	主营业务成本				3	1	5	0	0	0	0										
	库存商品													3	1	5	0	0	0	0	
附件　张	合　计			¥	3	1	5	0	0	0	0		¥	3	1	5	0	0	0	0	

会计主管：××　会计：××　记账：××　审核：××　制单：××

思考题

1. 季锋从某大学会计系毕业，刚刚被聘任为顺发公司的会计。上班第一天，会计科长让他编制公司这个月的试算平衡表，他很快完成了“总分类账户发生额及余额试算平衡表”的编制。但会计李丽说：“有笔账我核对过了，应当记入‘应交税费’和‘银行存款’，账户的金额是 10,000 元，而不是 9,000 元。已经入账的那部分数字还得更改一下。”“试算平衡表不是已经平衡了吗？怎么还有错账呢？”季锋不解地问。你能给季锋一个答案吗？

2. 新立会计师事务所于 2017 年 8 月 1 日投资创办。截至 8 月 5 日，该事务所共发生六笔经济业务，经入账后，各账户的余额如下：

(1) 库存现金 3,000
(2) 银行存款 180,000
(3) 销售费用——办公用品 10,000
(4) 固定资产——电子产品 30,000
(5) 应付账款 23,000
(6) 实收资本 200,000

该事务所尚未结算利润，试将这六笔经济业务的内容以会计分录形式列示。

3. 作为一名在校学生，你会在账户中用借贷来表示你个人的日常收支情况吗？试举例说明。

模块一实训

通过模块一的学习，完成如下实训题目。

实训一

李某是一位公司职员，他把自己拥有的财产及一年的收支情况进行了详细记录，并交给他上大学的儿子，让他的儿子分析家里的财富是否增加？若增加，是如何增加的？并希望他的儿子给他编制一张表来显示他一年来财富增加的情况。请你帮助李某的儿子进行分析。

1 月 1 日，李某首先列出了现有的财产及货币价值，见表 1—25。

表 1—25 **李某年初财产状况** 单位：元

有关财产及债务	金额
一幢与他人相连的房屋	380,000
家具、家庭用品	12,000
一辆已用了三年的小汽车	56,000
银行往来账户	11,200
欠银行的借款	30,000

12 月 31 日，李某总结他一年所发生财务交易，见表 1—26。

表 1—26 **李某年末财产状况** 单位：元

有关事项	金额
收入：	
年工资（扣除个人所得税）	14,000
支出：	
偿还银行欠款（其中 2,000 元为利息）	5,000
电费、电话费、取暖费等	2,800
家庭日常性开销	1,500
汽车日常养护费	1,300
衣物、旅游等	1,600
收支相抵后盈余	1,800

实训二

方方是某大学的毕业生，毕业后她想自己开办一家鲜花店，她的筹办及经营情况如下：

1. 8月1日，方方决定开办一家鲜花店，店名为“方方鲜花店”，她向鲜花店投入了5,000元的资金。

2. 8月2日，方方用3,600元从张杰处租了一家店面，还花了1,300元购进了一批鲜花。购进鲜花后，原来的5,000元只剩下100元。

3. 8月3日，鲜花店正式开业。方方的生意非常好，卖掉了所有的鲜花，共得现金1,500元，赚了200元。

4. 方方第一天工作挣到了200元的利润，她觉得应当从鲜花店提取一部分利润作为生活费用。她决定支付自己100元当作“工资”，作为工作一天的回报。

5. 8月10日，方方用1,400元现金购进了更多的鲜花。因为方方得了重感冒，请她的朋友王义过来帮忙，商定工资是50元。方方和王义卖掉了所有的鲜花，共得1,750元现金。方方付给王义50元工资，自己提走了300元。

请分析方方在上述经营过程中，会计等式发生了怎样的变化。

实训三

林伟是大学一年级的学生，假期回家去看他的好朋友许峰。许峰是做杂货生意的商人，他向林伟提供了如下有关杂货生意的信息资料（见表1—27），让林伟这个大学生朋友帮他分析一下杂货生意年末的经营状况和当年的经营业绩。

表1—27　有关杂货生意信息简表　单位：元

有关信息	金　额
支付给雇工的工资	3,744
年末货车价值	48,000
销售成本	70,440
自付薪金	15,600
销售收入	110,820
年末商店和土地的价值	60,000
钱柜里和存入银行的现金	2,100
电、水、通信等各项杂费	10,500
年末欠供应商的款项	2,400

一方面，当地的地产已经升值，但是，由于房屋经过一般修缮后又被损坏了，所

以总的来说它的价值仍维持在一年前的相同水平。另一方面，货车一年前价值60,000元，现在经过一年的折旧，价值比以前减少了。林伟了解了这些情况后，该如何帮他的朋友分析呢？

实训四

王维为了自己能够熟练记账，把宏达电子元件厂2月初的有关资金内容与金额列出如下：

1. 存放在企业的现款1,000元。
2. 存放在银行的款项350,000元。
3. 库存的各种材料18,000元。
4. 房屋950,000元。
5. 机器设备880,000元。
6. 投资者投入资本185,000元。
7. 购货方拖欠货款850,000元。
8. 从银行借入的半年期借款140,000元。
9. 库存的产成品60,000元。
10. 拖欠供货方货款450,000元。
11. 企业留存的盈余公积金85,000元。
12. 固定资产已提折旧160,000元。

根据以上信息，请帮王维填写表1—28。

表1—28　　　　**会计列表**　　　　单位：元

资料序号	属于会计要素类别及金额			应归属会计科目
	资产	负债	所有者权益	
例：(1)	1,000			现金
合计				

实训五

宏达电子元件厂 2 月 28 日有关账户的期初余额见表 1—29。

表 1—29 　　　　宏达电子元件厂账户信息　　　　单位：元

账户名称	期初余额	本期增加发生额	本期减少发生额	期末余额
银行存款	200,000			
应付账款	45,000			
原材料	30,000			
短期借款	5,000			
营业费用	0			
本年利润	55,000			
固定资产	300,000			

上述账户 2 月份发生额如下：

1. 以银行存款 10,000 元购买原材料。
2. 取得短期借款 35,000 元，存入银行。
3. 以银行存款 10,000 元交广告费。
4. 购买原材料 59,000 元，款未付。
5. 以银行存款偿还短期借款 20,000 元。
6. 以银行存款偿还前欠货款 87,000 元。
7. 月末将营业费用 10,000 元转入本年利润账户。
8. 购入设备一台，价款 66,000 元，款未付。

请根据上述资料计算出各账户的本期增加发生额、本期减少发生额和期末余额，填写表 1—29。

实训六

泰富公司 2017 年 8 月 31 日资产负债表显示资产总额 70,000 元，所有者权益总额 50,000 元，债权人权益 20,000 元。该公司 2017 年 9 月份经济业务如下：

1. 购入机器一台，价款 570,000 元，以银行存款支付。
2. 接受投资者投入的原材料，价值 53,500 元，有增值税专用发票。
3. 购入原材料一批，价款 30,000 元，增值税 5,100 元，以银行存款支付。
4. 从银行提取现金 2,000 元备用。
5. 以银行存款偿还所欠供应单位账款 100,000 元。
6. 以银行存款归还短期借款 50,000 元。

7. 收到购货单位所欠账款 83,000 元，已存入银行。

8. 向银行借入短期借款 15,500 元，存入银行存款户。

9. 收到购货单位欠款 60,000 元，其中 50,000 元转入银行存款户，10,000 元以现金收讫。

10. 以银行存款 10,000 元归还银行借款 8,000 元以及所欠供应单位账款 2,000 元。

要求：

（1）根据上述经济业务，分析会计要素的变化情况以及对会计等式的影响，并计算 9 月末泰富公司资产、负债和所有者权益总计金额。

（2）根据上述经济业务，用借贷记账法编制会计分录。

实训七

根据各账户的结构计算并填写表 1—30。

表 1—30　　　　**账户信息**　　　　单位：元

账户名称	期初余额	本期借方发生额	本期贷方发生额	期末余额
库存现金	6,450	320		670
短期借款	50,000	1,000		120,000
应收账款	12,800		2,800	76,520
实收资本	500,000		250,000	750,000
原材料	42,000	24,000		46,000
银行存款		52,800	36,000	55,400
应付账款	18,000		24,676	10,001
固定资产	85,000	30,000	10,000	

实训八

某企业本月初有关总分类账户的余额见表 1—31。

表 1—31　　　　**账户信息**　　　　单位：元

账户	金额	账户	金额
库存现金	3,000	银行存款	200,000
原材料	4,700	固定资产	160,000
生产成本	15,000	短期借款	10,000
应付账款	50,000	实收资本	320,000

该企业本月发生如下经济业务：

1. 收到投资者投入的货币资金投资 200,000 元，已存入银行。
2. 用银行存款 40,000 元购入不需要安装的设备一台。
3. 购入材料一批，买价和运费合计 15,000 元，货款尚未支付。
4. 从银行提取现金 2,000 元。
5. 借入短期借款 20,000 元，存入银行。
6. 用银行存款 35,000 元偿还应付账款。
7. 为生产产品领用一批材料，价值 12,000 元。
8. 用银行存款 30,000 元偿还短期借款。

要求：

（1）根据所给经济业务确定账户的类别、金额的变化并编制会计分录。

（2）根据账户登记结果编制总分类账发生额及余额试算表。

实训九

根据下列经济业务编制会计分录并填表 1—32。

1. 从银行取得 6 个月的借款 300,000 元，存入存款账户。
2. 甲产品 200 件完工入库，单位成本 58 元。
3. 以银行存款 1,000 元支付罚款。
4. 以银行存款支付银行贷款手续费 200 元。
5. 以转账支票支付欠 A 公司的材料采购款 32,000 元。
6. 从银行提取现金 100,000 元，然后将其中 99,000 元用于发放职工工资。
7. 以转账支票预付明年上半年财产保险费 1,200 元。
8. 行政人员职工李明报销医药费 260 元，以现金付讫。
9. 以银行存款偿还银行借款 100,000 元。
10. 以现金支付业务招待费 380 元。
11. 以银行存款 35,000 元购入生产设备一台。

表 1—32　　本期发生额试算平衡表

××××年××月　　单位：元

会计科目	借方发生额	贷方发生额
银行存款		
短期借款		
库存商品		
生产成本		
营业外支出		

续表

会计科目	借方发生额	贷方发生额
财务费用		
应付账款		
库存现金		
应付职工薪酬		
管理费用		
固定资产		
合计		

实训十

李可是某技工院校市场营销专业二年级的学生，暑假回家探望他的表哥伟军。伟军与其同学惠华于今年6月份共同出资创办了一家伟华电子公司，伟军向李可介绍了6月份的经营情况（资料如下），请李可帮助他分析生产经营状况和经营业绩。

1. 6月1日，伟军出资60,000元，惠华出资40,000元，伟华电子公司开业。

2. 6月2日，伟华电子公司看准市场行情，购入一批电子元器件，价款150,000元，因公司资金不足，欠购货款50,000元，从而走上“负债经营”之路。

3. 6月5日，伟华电子公司幸运地将全部电子元器件按照190,000元的售价出售，经营中发生各项费用支出10,000元，公司经营获利30,000元。

4. 获利后，伟华电子公司先将利润20,000元作为投资。

5. 6月6日，伟华电子公司归还了全部欠款，恢复到“无负债经营”状态。

6. 6月16日，伟军与惠华认为公司已经开业半个月，应该拿出一部分钱作为自己的工资。于是，他们决定拿出10,000元由两个人平均分配。

7. 6月17日，伟华电子公司购买了第二批电子元器件，价款50,000元。

8. 6月18日，伟华电子公司与客户甲公司签订了一项价值250,000元的合同，由于资金不足，伟军向朋友们借了100,000元的资金。

9. 6月19日，伟华电子公司从银行取得临时借款，归还了伟军向朋友借入的资金。

10. 6月20日，惠华的姐姐惠杰看公司有发展前途，准备投资入股。伟军、惠华同意后，惠杰投入了100,000元，并用此钱归还银行借款。

11. 6月22日，伟军因家有急事，同惠华、惠杰商量抽回自己的投资款10,000元，惠华、惠杰同意后，以银行存款支付。

模块二　会计凭证的填制

任务1　支票的填写及审核

知识目标

- 支票结算的基本规定及签发支票必须记载的事项
- 支票审核的内容及支票的账务处理

能力目标

- 能够熟练填写支票
- 对取得的支票能够正确审核

任务引入

销售员李伟在销售了一批本公司的产品后，取得了一张转账支票，如图2—1所示。在他把这张转账支票交到公司财务部门办理转账手续时，出纳王敏审核后，告诉李伟这张转账支票是无效的。李伟非常纳闷，他问王敏：“作为一个营销人员，该如何审核支票呢？这张支票是哪里出错了呢？”

中国工商银行　转账支票　　IV V286643

本支票付款期限十天

出票日期（大写）　贰零壹柒年零贰月贰拾日　　付款行名称：工行前进支行

收款人：雪源市长江化工有限责任公司　　出票人账号：732001260004619

人民币（大写）　壹拾贰万伍仟柒佰捌元整

亿	千	百	十	万	千	百	十	元	角	分
		¥	1	2	5	7	8	0	0	0

用途　购买原材料

上列款项请从

我账户支付

出票人签章　（印章：黄河有限责任公司　财务专用章）

复核：李梅　　记账

图2—1　转账支票

任务分析

营销人员在销售商品进行结算时，经常会使用到支票，因此在取得支票时要仔细进行审核，审核内容包括日期、单位名称、金额、盖章等方面，确认无误方可完成结算。

相关知识

一、支票的定义

支票是指出票人签发的，委托办理支票存款业务的银行在见票时无条件支付确定的金额给收款人或者持票人的票据。支票实际上是付款人开出的付款通知。

出票人签发支票需在银行开立支票存款账户。开立支票存款账户，申请人必须使用其本名，并提交证明其身份的合法证件。开立支票存款账户和领用支票应当有可靠的资信，并存入一定的资金。开立支票存款账户，申请人应当预留其本名的签名式样和印鉴。凡在银行设立账户的单位、个体经营户和个人经开户银行同意，均可使用支票结算。

二、支票结算的基本规定

1. 支票一律记名

签发的支票必须注明付款人的名称，未注明的，支票无效。支票上未注明收款人名称的，经出票人授权，可以补记。

2. 支票的提示付款期为 10 天

支票的持票人应当自出票日起 10 日内提示付款；异地使用的支票，其提示付款的期限由中国人民银行另行规定。超过提示付款期限的，付款人可以不予付款；付款人不予付款的，出票人仍应当对持票人承担票据责任。

3. 支票的金额起点为 100 元

金额起点以下的款项结算一般不使用支票，但缴纳公用事业费，缴拨基本养老保险基金、建设公积金等，可不受金额起点的限制。

4. 支票签发规范

签发支票应使用墨汁、碳素墨水或蓝黑墨水填写。未按规定填写，被涂改冒领的，由签发人负责。支票上各项内容要填写齐全，内容要真实，字迹要清晰，数字要标准，大小写金额要一致。支票大小写金额、签发日期和收款人不得更改，其他内容如有更改，必须由签发人加盖预留银行印鉴章加以证明。

已签发的现金支票遗失，可以向银行申请挂失，但挂失前已经支付的，银行不予受理。已签发的转账支票遗失，银行不受理挂失，可请求收款人协助防范。

支票的出票人所签发的支票金额不得超过其付款时在付款人处实有的存款金额。出票人签发的支票金额超过其付款时在付款人处实有的存款金额的，为空头支票。

三、支票的种类

我国一直采用的是转账支票和现金支票两种。

1. 转账支票

转账支票是用于同城单位之间的商品交易、劳务供应或其他款项往来的结算凭证。图 2—2 所示为一张空白的转账支票，由右上方可以看到“转账支票”的字样，它只能转账，不能支取现金。转账支票包括正联和存根两部分。

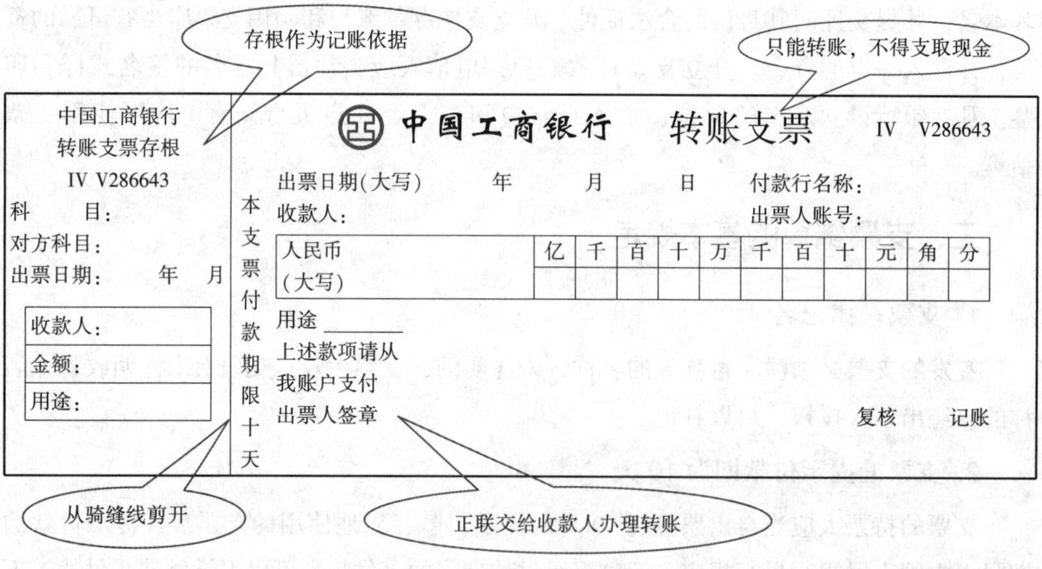

图 2—2　空白转账支票

支票是由出纳签发的，出纳除了在银行存款日记账上登记外，还可根据管理需要另外设置支票登记簿，由支票申请人填写，以便核对。

(1) 转账支票的内容

签发转账支票必须记载下列事项。

1）签发日期。应填写实际出票日期，支票正联出票日期必须使用中文大写数字书写，支票存根部分出票日期可用阿拉伯数字书写。在支票正联用中文大写数字填写出票日期时，为防止变造支票的出票日期，在填写月、日时应注意：月为壹、贰和壹拾的，日为壹~玖和壹拾、贰拾、叁拾的，应在其前面加“零”；日为拾壹~拾玖的，应在其前面加“壹”。例如，1月15日，应写成零壹月壹拾伍日；10月20日，应写成零壹拾月零贰拾日。

2）收款单位名称。应填写收款单位全称并与该单位预留银行印鉴中的单位名称保持一致，不得使用简称或缩写。

3）确定的金额。大写金额应紧接“人民币”书写，不得留有空白，以防加填；阿拉伯小写金额数字前面，均应填写人民币符号“¥”。阿拉伯小写金额数字要认真填写，不得连写，大小写金额要对应一致，按规定书写。

4）用途应如实填写，存根联与支票正联填写的用途应一致。

5）在签发人签章处按预留银行印鉴、单位法定代表人名章先左后右分别签章，不能缺漏。

例如：2017年12月3日，意达市轴承有限责任公司开出转账支票一张，预付下一年书报费4,500元，其转账支票的正确填写格式如图2—3所示。

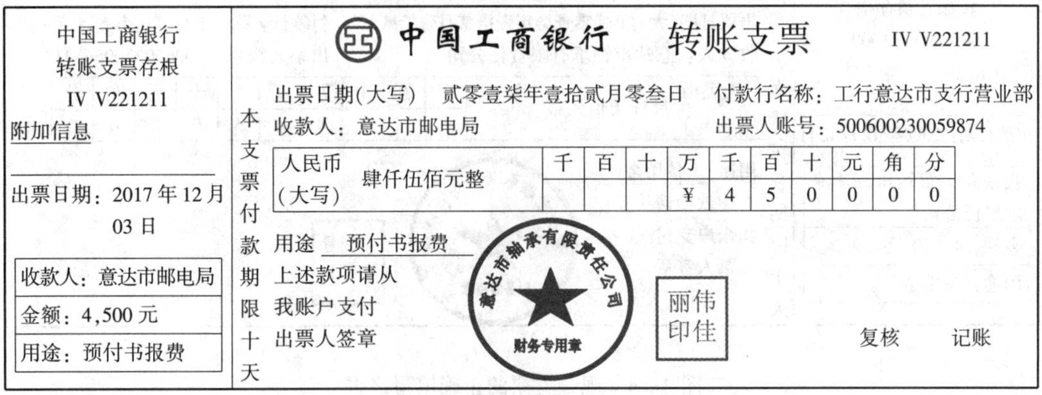
中国工商银行
转账支票存根
IV V221211
附加信息
出票日期：2017年12月03日
收款人：意达市邮电局
金额：4,500元
用途：预付书报费

中国工商银行　转账支票　IV V221211
本支票付款期限十天
出票日期(大写)　贰零壹柒年壹拾贰月零叁日　付款行名称：工行意达市支行营业部
收款人：意达市邮电局　出票人账号：500600230059874

人民币(大写)	肆仟伍佰元整	千	百	十	万	千	百	十	元	角	分
					¥	4	5	0	0	0	0

用途　预付书报费
上述款项请从
我账户支付
出票人签章

复核　记账

图2—3　转账支票的正确填写格式

（2）转账支票的审核

审核取得的转账支票时要注意下面七项内容，如果其中一项不合格，支票即为无效。

1）收款人名称与自己的单位名称是否一致。

2）支票的各项内容是否填写齐全，金额是否正确，大、小写是否相符，有无涂改，其他内容如有改动是否加盖了预留银行印鉴。

3）付款人名称是否正确，是否在付款期内。

4）出票日期是否填写，正确与否。

5）是否有财务专用章及单位法定代表人名章，顺序是否正确，有无缺漏。

6）支票票面是否整洁，有无涂改。

7）支票填写是否清晰，是否用墨汁或碳素墨水填写。

2. 现金支票

支票上印有“现金”字样的为现金支票，现金支票是开户单位用于向开户银行提取现金的凭证；现金支票只能用于支取现金，不能用于转账，不得背书转让。现金支票由出纳签发，并加盖预留银行印鉴和单位法定代表人名章，注明收款人后将支票正联交提款人，提款人持现金支票到付款单位开户银行提取现金，并按银行的要求出具有关证明（目前，持票人提现须出示身份证）。

需要注意的是，目前普遍使用的支票密码器是直接输入该支票的号码，然后生成相应的密码，所以作为财务出纳人员必须妥善保管密码器。

现金支票的填写要求同转账支票。

例如：2017 年 12 月 12 日，意达市轴承有限责任公司开出现金支票一张，提取现金 4,500 元，备日常零星支出，其现金支票的正确填写格式如图 2—4 所示。

中国工商银行
转账支票存根
IV V111121000
附加信息

出票日期：2017 年 12 月 12 日
收款人：意达市邮承有限责任公司
金额：4,500 元
用途：备用金

中国工商银行　现金支票　IV　V111121000
出票日期(大写) 贰零壹柒年壹拾贰月壹拾贰日　付款行名称：工行意达市支行营业部
本支票付款期限十天
收款人：意达市轴承有限责任公司　出票人账号：500600230056541

人民币（大写）	千	百	十	万	千	百	十	元	角	分
肆仟伍佰元整				¥	4	5	0	0	0	0

用途　备用金
上述款项请从
我账户支付
出票人签章

复核　记账

图 2—4　现金支票的正确填写格式

注：在现金支票背面还可以写明需要支取各种面额现金的数量。

现金支票的审核方法同转账支票。

四、支票的账务处理

企业在生产经营过程中，购买财产物资会签发支票，销售商品会取得支票，不论是签发支票还是取得支票，企业的财务部门都要进行账务处理。

1. 购买财产物资签发支票的账务处理（以购买材料为例）

例如：A 公司购买甲材料 2 吨，取得的增值税专用发票注明价款 30,000 元，增值税 5,100 元，A 公司开出转账支票支付上述货款，材料已验收入库。

A 公司应以支票的存根和收到的增值税专用发票为原始凭证编制会计分录，见表 2—1。

表 2—1　　　　　　　　　　**记账凭证**

××××年××月××日　　　　　　　　第 × 号

摘　要	总账科目	明细科目	借方金额									贷方金额									记账√
			百	十	万	千	百	十	元	角	分	百	十	万	千	百	十	元	角	分	
购买甲材料	原材料				3	0	0	0	0	0	0										
	应交税费	应交增值税（进项税额）				5	1	0	0	0	0										
	银行存款													3	5	1	0	0	0	0	
附件 2 张	合　计			¥	3	5	1	0	0	0	0		¥	3	5	1	0	0	0	0	

核准：××　　复核：××　　记账：××　　出纳：××　　制单：××

2. 销售商品取得支票的账务处理

例如：A 公司销售自产产品 100 件，单价 120 元，开出增值税专用发票，增值税税率为 17%，收到购买方交来转账支票一张。A 公司应填制进账单（银行进账单格式见表 2—2），连同转账支票送交开户银行办理转账手续，然后以增值税专用发票的记账联、银行退回的加盖银行印章的进账单第一联（回单）为原始凭证编制会计分录，见表 2—3。

表 2—2　　　　　　　　　　**银行进账单**

<table>
<tr><td rowspan="9">此联由银行盖章后退回单位</td><td rowspan="2">收款单位</td><td>全称</td><td colspan="3"></td><td colspan="3">款项往来</td><td colspan="9"></td></tr>
<tr><td>账号</td><td colspan="3"></td><td colspan="3">款项性质</td><td colspan="9">票据（分页填写）</td></tr>
<tr><td colspan="6" rowspan="2">人民币
（大写）</td><td>十</td><td>亿</td><td>千</td><td>百</td><td>十</td><td>万</td><td>千</td><td>百</td><td>十</td><td>元</td><td>角</td><td>分</td></tr>
<tr><td></td><td></td><td></td><td></td><td></td><td></td><td></td><td></td><td></td><td></td><td></td><td></td></tr>
<tr><td colspan="6">托收票据目录第　页　共　页</td><td colspan="8">金额</td><td colspan="4" rowspan="5">收款银行盖章</td></tr>
<tr><td colspan="2">付款行交换号码</td><td colspan="2">付款单位账号</td><td>凭证号码</td><td rowspan="4">款项性质</td><td colspan="8">千百十万千百十元角分</td></tr>
<tr><td colspan="2" rowspan="3"></td><td colspan="2" rowspan="3"></td><td rowspan="3"></td><td colspan="8"></td></tr>
<tr><td colspan="8"></td></tr>
<tr><td colspan="8"></td></tr>
</table>

表 2—3　　　　　　　　　　　　**记账凭证**

××××年××月××日　　　　　　　　　　　　第 × 号

摘要	总账科目	明细科目	借方金额									贷方金额									记账√
			百	十	万	千	百	十	元	角	分	百	十	万	千	百	十	元	角	分	
销售产品	银行存款				1	4	0	4	0	0	0										
	主营业务收入													1	2	0	0	0	0	0	
	应交税费	应交增值税（销项税额）													2	0	4	0	0	0	
附件 2 张	合计			¥	1	4	0	4	0	0	0		¥	1	4	0	4	0	0	0	

核准：××　　复核：××　　记账：××　　出纳：××　　制单：××

五、财务处理中的原始凭证

公司的财务部门在进行支票的账务处理中，要以增值税专用发票、支票的存根和银行退回的进账单为依据进行登记入账，会计中把增值税专用发票、支票的存根和进账单称为原始凭证。原始凭证是在经济业务发生或完成时取得或填制的，用来记载和证明经济业务发生和完成的情况，并明确经济责任，作为记账依据的最初书面证明。原始凭证的分类如图 2—5 所示。

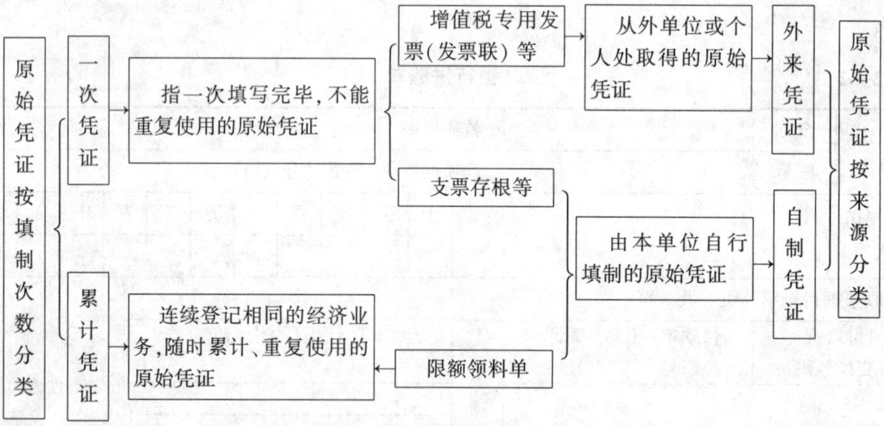

图 2—5　原始凭证的分类

经济业务是多种多样的，因此记录经济业务的各种原始凭证，其具体内容和格式也不完全相同。但无论哪一种凭证都必须详细反映有关经济业务发生和完成的情况，明确经办单位和经办人员的经济责任。因此，各种原始凭证都必须具备下列一些基本内容，如图 2—6 所示。

1. 原始凭证的填制

原始凭证是根据经济业务活动的执行情况来填制的，具有法律效力，原始凭证的填制必须符合以下要求。

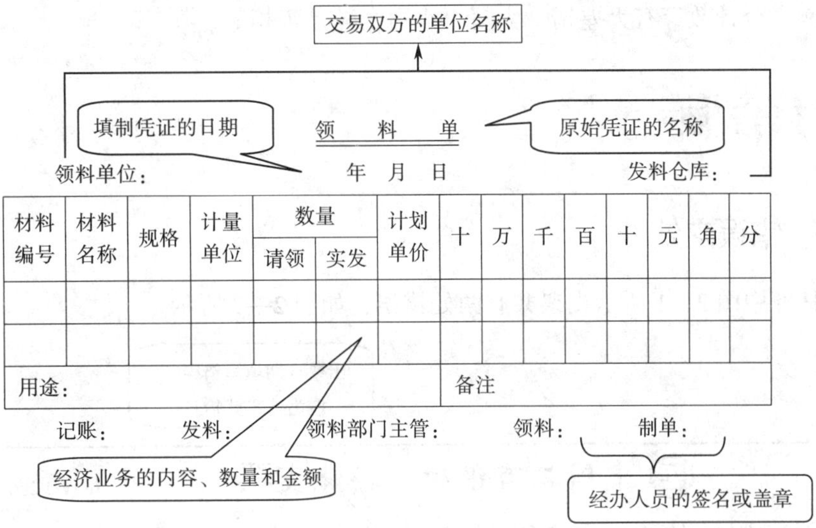

图 2—6　原始凭证基本内容

（1）记录真实

原始凭证上填写的经济业务发生的日期、业务内容和数字等项目必须真实可靠，要按照经济业务的实际发生情况进行填制，不能以匡算或者估算数填列。

（2）内容完整，手续完备

凭证规定的项目必须逐项填写齐全，不可遗漏省略。项目填写不全的原始凭证，不能作为经济业务的合法证明，也不能作为有效的会计凭证。文字说明和数字要填写清楚、整齐、易于辨认。数量、单价、金额等的计算要准确无误。如遇填错，不得任意涂改、刮擦或挖补，应当由出具单位重开或者更正人员在更正处盖章以示负责。原始凭证金额有错误的，应当由出具单位重开，不得在原始凭证上更正。从外单位取得的原始凭证必须有填制单位的公章或者专用章；对外开出的原始凭证，必须加盖本单位的公章或者有关专用章。

（3）格式统一，合法合规

本企业同类内容的经济业务要使用统一格式的凭证，避免造成混乱；外来的原始凭证一般使用国家统一的格式。原始凭证所记录的经济业务必须符合国家的政策、法律和法规的规定，否则不能作为记账的依据。

2. 原始凭证的审核

原始凭证必须经过审核才能作为记账依据，审核内容主要包括以下三个方面：

第一，合法性、合规性、合理性审核。即审核经济业务内容是否符合有关政策、法规和法律的规定，是否符合审批权限和手续，以及是否符合规定的开支标准等。

第二，完整性审核。即审核原始凭证填写的手续是否完备，项目是否填写齐全，有关经办人员是否都已签名或盖章，是否经过主管人员审批同意等。

第三，正确性审核。即审核原始凭证的摘要和数字是否填写清楚、正确，数量、单价、金额、合计数等有无差错，大写、小写金额是否相等。

任务实施

一、错误之处

本任务中图 2—1 所示支票共有两处错误，如图 2—7 所示。

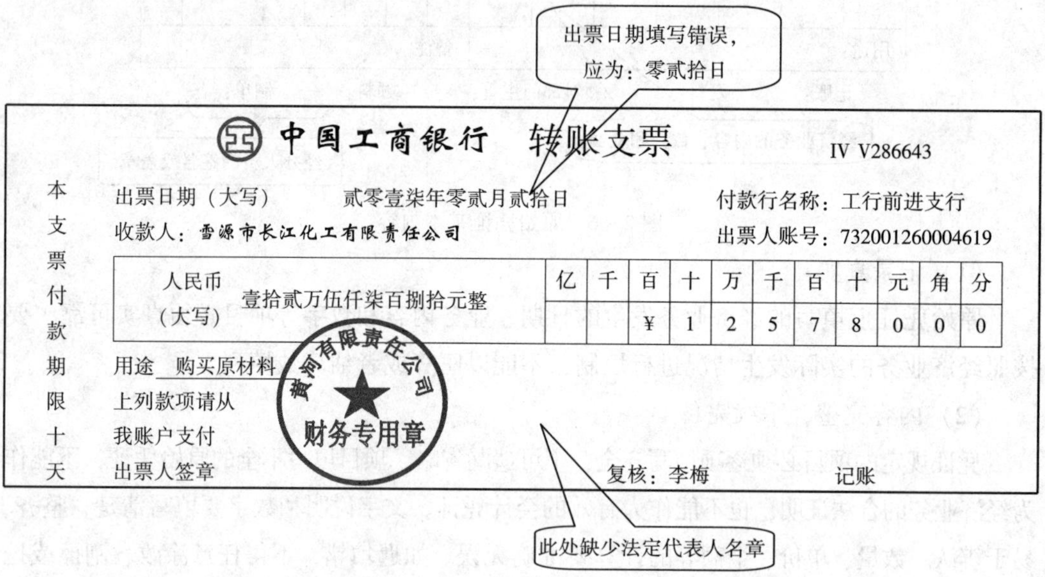
出票日期填写错误，应为：零贰拾日

中国工商银行　转账支票　IV V286643

本支票付款期限十天

出票日期（大写）　贰零壹柒年零贰月贰拾日　付款行名称：工行前进支行

收款人：雪源市长江化工有限责任公司　出票人账号：732001260004619

人民币（大写）	亿	千	百	十	万	千	百	十	元	角	分
壹拾贰万伍仟柒百捌拾元整			¥	1	2	5	7	8	0	0	0

用途　购买原材料

上列款项请从

我账户支付

出票人签章　黄河有限责任公司 财务专用章　复核：李梅　记账

此处缺少法定代表人名章

图 2—7　任务支票的错误之处

二、有效支票

根据该任务给出的已知条件，正确的支票如图 2—8 所示。

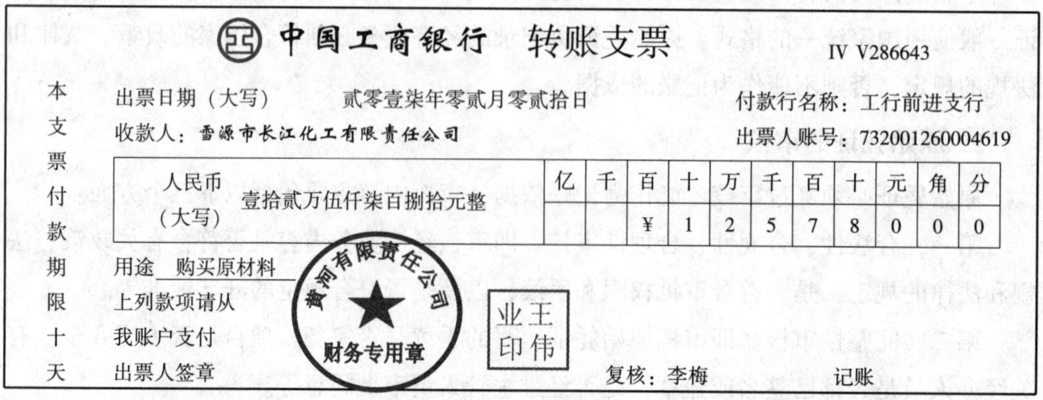
中国工商银行　转账支票　IV V286643

本支票付款期限十天

出票日期（大写）　贰零壹柒年零贰月零贰拾日　付款行名称：工行前进支行

收款人：雪源市长江化工有限责任公司　出票人账号：732001260004619

人民币（大写）	亿	千	百	十	万	千	百	十	元	角	分
壹拾贰万伍仟柒百捌拾元整			¥	1	2	5	7	8	0	0	0

用途　购买原材料

上列款项请从

我账户支付

出票人签章　黄河有限责任公司 财务专用章　王伟印业　复核：李梅　记账

图 2—8　有效支票

思考题

1. 请于课后调研开立支票存款账户的条件。
2. 现金支票提现时，提款人需要提供哪种证件？
3. 指出图 2—9 所示现金支票中的错误之处。

中国工商银行　现金支票　IV V286643

本支票付款期限十天

出票日期（大写）　贰零壹柒年贰月壹拾叁日　付款行名称：工行红梅支行

收款人：花海市新都有限责任公司　出票人账号：732001260005894

人民币（大写）	亿	千	百	十	万	千	百	十	元	角	分
贰拾伍万伍仟柒百元整			¥	2	5	6	7	0	0	0	0

用途　购买原材料

上列款项请从我账户支付　峰顾印明　花海市金都有限责任公司 财务专用章

出票人签章　复核：李双　记账

图 2—9　现金支票

4. 假设你是一位小型企业的所有者，你自己的某一笔借款到期了，但你个人账户上的钱不足以支付这笔借款，因此，你从企业的银行账户上开具了一张支票。作为企业的所有者，你可以这样做吗？

任务 2　发票的填写及审核

知识目标

- 普通发票的填制
- 增值税的简单计算
- 增值税专用发票的填制

能力目标

- 能够熟练填写增值税专用发票和普通发票
- 能够熟练辨别发票的真伪
- 能够按增值税发票的开具范围开具发票

任务引入

销售员李林在报销发票办理转账时，经审核发现收取的一张增值税专用发票（见

图 2—10）有错误，李林十分不好意思，下决心以后不再出错。那么，作为销售人员该如何正确填制和审核发票呢？

3200001170　　××省增值税专用发票　　No：03870941

××××　国家税务总局监制

抵　扣　联

校验码 11111 22222 33333 44444 55555　　开票日期：2017 年 3 月 27 日

购买方	名　　称：松宏有限责任公司 纳税人识别号：320746253967123 地址、电话：××市大路路 126 号 开户行及账号：中国工商银行 813200000421310	密码区	33933->70/＊7-7793+6+107<05/6 776<67625/5＊16<1709/4＊26672 3<+8＊＊9/<＊80/228461+<＊8/07< 06429/<481626/5>-7306＊095/3

货物或应税劳务、服务名称	规格型号	单位	数量	单价	金额	税率	税额
C 材料		吨	2	20,000.00	40,000.00	17%	6,800.00
D 材料		吨	1	10,000.00	10,000.00	17%	1,700.00
合　计					¥50,000.00		¥8,500.00
价税合计（大写）	伍万捌仟伍佰元整			（小写）¥58,500.00			

销售方	名　　称：大伟有限责任公司 纳税人识别号：3270582147 地址、电话：××市泰康路 78 号 开户行及账号：××银行泰康路营业所 813200000421310	备注	

第二联：购买方扣税凭证

收款人：　复核：　开票人：王某　销售方：（章）

图 2—10　增值税专用发票

任务分析

营销人员在购销商品时经常要填制和取得发票。在填制发票时，书写要认真规范，字迹要工整，填写内容要齐全，大小写金额要一致，签名、盖章要清晰。为了在取得发票时能够审核发票是否按要求填制，首先要了解发票的种类、基本内容及填写、审核的方法。

相关知识

发票是指在购销商品、提供或者接受服务以及从事其他经营活动中，开具、收取的收付款凭证。发票一般可分为普通发票和增值税专用发票两种。

发票的基本联次为三联。第一联为存根联，开票方留存备查；第二联为发票联，收执方作为付款或收款原始凭证；第三联为记账联，开票方作为记账的原始凭证。增值税专用发票的基本联次还应包括抵扣联，收执方将其作为抵扣税款的凭证。

除增值税专用发票外，县（市）以上税务机关根据需要可适当增减联次并确定其用途。

发票的基本内容包括发票的名称、字轨号码、联次及用途，客户名称，开户银行及账号，商品名称或经营项目，计量单位、数量、单价、大小写金额，开票人，开票日期，开票单位（个人）名称（章）等。

一、普通发票

1. 普通发票的定义

普通发票分为手写版和电子开具发票两种。目前大多数商业企业采用电子卷式普通发票。表 2—4 为一张空白的手写版普通发票，图 2—11 所示为电子卷式发票。

表 2—4　　**××市商业企业发票**　　No：00258796

发　票　联

客户名称：　　　　年　　月　　日

货号	品名及规格	单位	数量	单价	金额						
					万	千	百	十	元	角	分
小写金额合计											
（大写）　万　仟　佰　拾　元　角　分											
付款方式			开户银行及账号：								

开票单位（盖章）　　　　收款人：　　　　开票人：

2. 普通发票的开具

销售商品、提供服务以及从事其他经营活动的单位和个人，对外发生经营业务收取款项，收款方应当向付款方开具发票。开具发票应当按照规定的时限、顺序、栏目，全部联次一次性如实开具，并加盖单位财务印章或者发票专用章。单位和个人必须在发生经营业务确认营业收入时开具发票，未发生经营业务一律不准开具发票。

（1）客户名称。应填写客户单位全称，并与该单位预留银行印鉴中的单位名称保持一致，不得使用简称或缩写。

（2）开票日期。应用阿拉伯数字填写，如 2017 年 5 月 6 日。

（3）金额。大小写金额的填写方法同支票的填制。

（4）付款方式。如为现金支付的要填写“现金”字样，否则应填写“转账”，并填写收款单位的开户银行及账号。

（5）应加盖开票单位、收款人印章，开票人须签字或盖章。

例如：2017 年 9 月 15 日，×××购物中心销售冠生园鲜味汁 1 瓶、冠生园面包 2 个，共计 6.5 元，开具的电子卷式发票如图 2—11 所示。

×××购物中心商业销售卷式发票

全国统一发票监制章
××省××市
国家税务局监制

发 票 联

购货单位　　132587624591542
购货人　　No：13256746
单号：　19-12-430
时间：　2017-09-15　18：38
工号：　090
品名　　单位
条码　　数量＊单位＝金额
鲜味汁　　瓶
609248576925　1＊1.50＝1.50
面包　　个
609254893716　2＊2.50＝5.00
合计：6.50 元
现收：10 元　支出：6.50 元
找零：3.50 元

手撕无效

×××购物中心
223901
555555778
发票专用章

华丰 2017 年 3 月印 3 万卷起讫号码：030000-060000

图 2—11　电子卷式发票

二、增值税专用发票

1. 增值税概述

（1）增值税的定义

增值税是以商品价值中的增值额为课税依据所征收的一种税。在我国，增值税是对在我国境内销售货物或者提供加工、修理修配劳务以及进口货物的单位和个人，以其货物销售或提供劳务的增值额和进口货物金额为征税对象而征收的一种流转税。其纳税义务人分为一般纳税人和小规模纳税人。

（2）增值税的税率

增值税实行不含税价计税方式，俗称价外税，税率设计是以价外税为基础的。一般纳税人销售交通运输、邮政、基础电信、建筑、不动产租赁服务，销售不动产，转让土地使用权等，税率为 11%；出口货物，税率为零（国务院另有规定的除外）；境内单位和个人跨境销售国务院规定范围内的服务、无形资产，税率为零；除上述规定外，纳税人销售货物、劳务、有形动产租赁服务或者进口货物，税率为 17%；除上述规定外，纳税人销售服务、无形资产，税率为 6%。小规模纳税人按简易征收办法征收，征收率为 3%。

（3）增值税额的计算

本期应纳税额=本期销项税额-本期进项税额

销项税额=销售额×税率

进项税额是指纳税人购进货物或应税劳务所支付或负担的增值税额，主要是指从销售方取得的增值税专用发票上注明的增值税额，从海关取得的完税凭证上注明的增值税额。

小规模纳税人实行简易办法计算应纳税额，不抵扣进项税额，计算公式为：

应纳税额=不含税销售额×征收率

小规模纳税人销售货物或应税劳务采用销售额和应纳税额合并定价方法的，按下列公式计算销售额。

不含税销售额=含税销售额÷(1+征收率)

2. 增值税专用发票的填制与审核

（1）增值税专用发票的定义

增值税专用发票（见图2—12）是增值税一般纳税人销售货物或者提供应税劳务开具的发票，是购买方支付增值税额并可按照增值税有关规定据以抵扣增值税进项税额的凭证。增值税实行凭发票注明税款扣税的制度。纳税人销售货物或提供应税劳务，应向购买者开具增值税专用发票，并在专用发票上注明销售额和销项税额，但小规模纳税人不得开具专用发票。增值税专用发票是由国家税务总局监制设计印制的，既是纳税人经济活动中的重要会计凭证，又是销货方履行纳税义务的合法证明，是增值税计算和管理中重要的合法专用发票。

××××××××××　　××省增值税专用发票　　No：××××××××

××××

抵扣联

校验码×××××　　开票日期：　年　月　日

<table>
<tr><td>购买方</td><td colspan="3">名　　称：
纳税人识别号：
地址、电话：
开户行及账号：</td><td>密码区</td><td colspan="3"></td><td rowspan="5">第二联：购买方扣税凭证</td></tr>
<tr><td>货物或应税劳务、服务名称</td><td>规格型号</td><td>单位</td><td>数量</td><td>单价</td><td>金额</td><td>税率</td><td>税额</td></tr>
<tr><td>合　　计</td><td></td><td></td><td></td><td></td><td></td><td></td><td></td></tr>
<tr><td colspan="5">价税合计(大写)</td><td colspan="3">(小写)</td></tr>
<tr><td>销售方</td><td colspan="3">名　　称：
纳税人识别号：
地址、电话：
开户行及账号：</td><td>备注</td><td colspan="3"></td></tr>
</table>

收款人：　复核：　开票人：　销售方：(章)

图2—12　增值税专用发票

（2）增值税专用发票的填制

填制增值税专用发票时，要注意以下几个方面的问题。

1）不得涂改。如填写有误，应另行开具专用发票，并在误填的专用发票上注明“误填作废”四个字。如专用发票开具后因购货方不索取而成为废票的，也应按填写有误办理。

2）项目填写齐全，与实际交易相符。

3）字迹清楚，不得压线、错格。

4）各项内容正确无误。

5）全部联次一次填具，上、下联的内容和金额一致。

6）发票联和抵扣联加盖财务专用章或者发票专用章。

7）按照增值税纳税义务的发生时间开具。

8）不得开具伪造的专用发票。

9）不得拆本使用专用发票。

10）不得开具票样与国家税务总局统一制定的票样不相符合的专用发票。

开具的专用发票有不符合上列规定的，不得作为扣税凭证，购买方有权拒收。

（3）增值税专用发票的审核

审核增值税专用发票时，要注意以下几个方面的问题。

1）审核项目填写是否齐全，字迹是否清楚。

2）审核填写内容是否正确。

3）是否按规定加盖公章。

4）查看发票的真伪。

三、发票的审查与鉴别

1. 发票的审查

（1）审查发票的有效性。发票实行不定期换版制度，不同时期有不同的发票版式，如果发现逾期使用旧版发票，应查清情况，判断是否存在问题。对发票要看其印制是否清晰，有无错漏，辨明真伪。

（2）审查发票的笔迹。看发票抬头、日期、品名、数量、单价、大小写金额的字迹、笔体、笔画的粗细、压痕是否一致，有无用药剂褪色、橡皮擦拭、刀刮等涂改痕迹。

（3）审查发票的复写情况。对发票的正面和反面都应仔细审查，看复写的字迹是否相同，背面有无局部复写的痕迹，发票的第二联是复写的还是用钢笔或圆珠笔填写的等。

（4）审查发票的填写字迹是否位移。税务机关指定的企业在印制、装订发票时，各联次的纵横行列都是对齐的，有固定位置。如果发票各联填写的字迹有不正常的位移，就可能存在问题。

（5）审查发票的填写内容。看发票报销联的时间、数量、单价、金额是否填写齐全。看发票物品名称是否具体、正确、清楚，如填写的名称为生产用品、办公用品、交电费、百货、日杂、土产等，且金额较大，对这种情况，不论付款是用现金还是转账，都可能存在问题。

（6）审查物品名称是否为用票单位的经销范围。例如，机械制造企业的发票，物品名称却是钢材，就显然存在问题。

（7）审查用票单位同发货单位、收款单位的名称是否相符。

（8）审查发票抬头填写的购货单位同实际收货单位、付款单位的名称是否相符。

（9）审查供货单位是否使用了其他单位的发票，供货单位与在发票上盖章的单位名称是否一致。

2. 发票的鉴别

（1）普通发票真伪鉴别方法

一是从发票监制章鉴别。发票监制章是识别发票真伪的重要法定标志。全国统一启用的新版发票的发票监制章，其形状为椭圆形，上环刻制“全国统一发票监制章”字样，下环刻制“××税务局监制”字样，中间刻制国税、地税机关所在的省、市全称或简称，字体为正楷，印色为大红色，紫外线灯下呈现橘黄色，荧光反应，套印在发票联的票头正中央，如图 2—13 所示。二是从发票联采用有“SW”字样防伪专用纸等进行鉴别。三是用发票防伪鉴别仪器鉴别防伪油墨，看其是否是统一的防伪油墨。

图 2—13　发票监制章

（2）增值税专用发票真伪鉴别方法

鉴别增值税专用发票的真伪时，对照光线审查增值税专用发票的发票联和抵扣联，看是否使用国家税务总局统一规定带有水印图案的防伪专用纸印制，或者用紫外线灯、发票鉴别仪鉴别无色和有色荧光防伪标志“SW”。

任务实施

一、错误之处

本任务中图 2—10 所示发票错误之处共有两处，如图 2—14 所示。

银行应详细填写到哪个支行或分理处（营业所）

3200001170　　××省增值税专用发票　　No：03870941

抵　扣　联

校验码 11111 22222 33333 44444 55555　　开票日期：2017 年 3 月 27 日

购买方	名　　称：松宏有限责任公司 纳税人识别号：320746253967123 地址、电话：××市大路路 126 号 开户行及账号：中国工商银行 963200000423987			密码区	33933->70/＊7-7793+6+107<05/6 776<67625/5＊16<1709/4＊26672 3<+8＊＊9/<＊80/228461+<＊8/07< 06429/<481626/5>-7306＊095/3		
货物或应税劳务、服务名称	规格型号	单位	数量	单价	金额	税率	税额
C 材料		吨	2	20,000.00	40,000.00	17%	6,800.00
D 材料		吨	1	10,000.00	10,000.00	17%	1,700.00
合　计					¥50,000.00		¥8,500.00
价税合计（大写）	伍万捌仟伍佰元整			（小写）¥58,500.00			
销售方	名　　称：大伟有限责任公司 纳税人识别号：3270582147 地址、电话：××市泰康路 78 号 开户行及账号：××银行泰康路营业所 813200000421310			备注			

第二联：购买方扣税凭证

收款人：　　复核：　　开票人：王某　　销售方：（章）

此处缺少开票人签字（或盖章）

图 2—14　任务发票的错误之处

二、正确发票

根据该任务给出的已知条件，正确的发票如图 2—15 所示。

3200001170　　××省增值税专用发票　　No：03870941

抵　扣　联

校验码 11111 22222 33333 44444 55555　　开票日期：2017 年 3 月 27 日

购买方	名　　称：松宏有限责任公司 纳税人识别号：320746253967123 地址、电话：××市大路路 126 号 开户行及账号：中国工商银行××营业所 963200000423987			密码区	33933->70/＊7-7793+6+107<05/6 776<67625/5＊16<1709/4＊26672 3<+8＊＊9/<＊80/228461+<＊8/07< 06429/<481626/5>-7306＊095/3		
货物或应税劳务、服务名称	规格型号	单位	数量	单价	金额	税率	税额
C 材料		吨	2	20,000.00	40,000.00	17%	6,800.00
D 材料		吨	1	10,000.00	10,000.00	17%	1,700.00
合　计					¥50,000.00		¥8,500.00
价税合计（大写）	伍万捌仟伍佰元整			（小写）¥58,500.00			
销售方	名　　称：大伟有限责任公司 纳税人识别号：3270582147 地址、电话：××市泰康路 78 号 开户行及账号：××银行泰康路营业所 813200000421310			备注	松宏有限责任公司 3200001170 发票专用章		

第二联：购买方扣税凭证

收款人：　　复核：　　开票人：王某　　销售方：（章）

图 2—15　正确的增值税专用发票

思考题

1. 课后练习增值税专用发票的填制方法。
2. 到超市购买商品，取得卷式发票和手写版发票，找出格式上的异同。

任务3　差旅费的报销

知识目标

- 借款单的填制
- 差旅费报销的程序
- 记账凭证的填制

能力目标

- 能够正确填写借款单和记账凭证
- 熟悉差旅费报销程序并能够正确填写差旅费报销记账凭证

任务引入

销售员李伟因公出差，在出差前，他需要预借一笔现金。李伟来到财务处，向出纳范霞说明来意，范霞告诉李伟要经过一定的程序才能借款，李伟说："我这是因公出差，回来给你发票不就行了吗？为什么还要这么麻烦？"但范霞坚持要李伟去办手续。范霞为什么一定要李伟办理借款手续呢？李伟该如何办理借款手续呢？

任务分析

营销人员因为工作关系会经常出差，根据规范的财务程序和相关的规定履行借款和报销手续是营销人员所必须了解的工作常识。因此，营销人员李伟要想懂得如何办理借款手续和报销手续，首先要熟悉借款和报销工作的一般流程，其次要懂得填写出差借款和报销过程中所涉及的各种单据，最后还要懂得报销过程中的一些特别规定。范霞一定要李伟办理借款手续，这是我国货币资金内部控制的规定，也是会计人员填制记账凭证的需要，所以，李伟还应学会与记账凭证相关的知识。

相关知识

一、差旅费报销

我国会计制度规定，单位应当按照如下的程序办理货币资金支付业务。

第一步，支付申请。单位有关部门或个人用款时，应当提前向审批人提交货币资金支付申请，注明款项的用途、金额、预算、支付方式等内容，并附有效经济合同或相关证明。

第二步，支付审批。审批人根据其职责、权限和相应程序对支付申请进行审批。对不符合规定的货币资金支付申请，审批人应当拒绝批准。

第三步，支付复核。复核人应当对批准后的货币资金支付申请进行复核，复核货币资金支付申请的批准范围、权限、程序是否正确，手续及相关单证是否齐备，金额计算是否准确，支付方式、支付单位是否妥当等。复核无误后，交由出纳办理支付手续。

第四步，办理支付。出纳应当根据复核无误的支付申请，按规定办理货币资金支付手续，及时登记现金和银行存款日记账。

根据会计制度的规定，一般的差旅费报销有两种程序，一种是职工提前预借差旅费，如图 2—16 所示；另一种是职工的差旅费先由职工本人垫付，如图 2—17 所示。

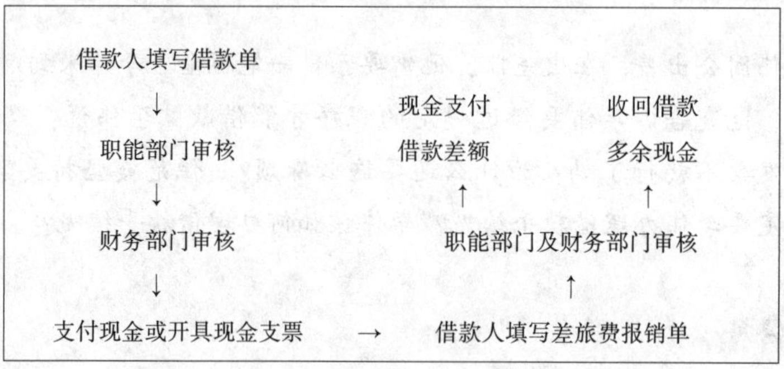

图 2—16　差旅费报销程序 1

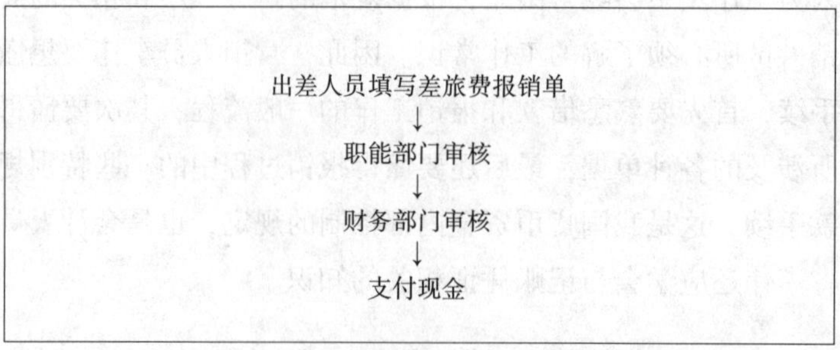

图 2—17　差旅费报销程序 2

1. 借款单的填写

借款单一般是单位工作人员因公出差而向单位财务部门提前借取现金或现金支票时所填写的申请单据。在借款单上，借款人必须填写清楚具体的借款单位、借款理由、借款数额等，由单位负责人签章（职能部门审核）、会计主管以及出纳签章（财务部门审核）。出纳根据借款单所列金额向借款人支付现金或签发支票。借款单的一般格式见表2—5。

表2—5 借 款 单

年 月 日

借款单位：		
借款理由：		
借款数额：人民币（大写）		
本单位负责人意见：		借款人：
会计主管核批：	付款方式：	出纳：

2. 差旅费报销单的填写

差旅费报销单是出差人员归来后与财务部门结算出差费用时所填写的单据。填写差旅费报销单时，要详细填写出差人姓名、出差事由、出差日期以及交通费用和住宿餐饮费用等项目，如出差前预借差旅费的，还必须写出该借款人出差前已借款数和最后的结余数。差旅费报销单一般格式见表2—6。

表2—6 差旅费报销单

年 月 日 附件（ ）张

出差人		共（ ）人		职务		部门		审批人
出差事由				出差日期	自 年 月 日			
到达地点					至 年 月 日			
项目金额	交通工具				其他	旅馆费	伙食补助	
	火车	汽车	轮船	飞机		住宿（ ）天	在途（ ）天	住勤 天
总计人民币（大写）								
原借款金额	报销金额		交结余或超支金额					
			人民币（大写）					

会计主管： 会计： 出纳员：

职工出差回来后报销各种支出时，必须首先根据交通费用、住宿餐饮费用等原始凭证填写差旅费报销单，将车票、住宿费发票等原始凭证粘贴在差旅费报销单的背面，然后将附有原始凭证的差旅费报销单交给主管负责人和会计部门审核，出纳根据审核后的差旅费报销单向职工报销。

二、记账凭证

职工出差前向单位预借差旅费的借款单和出差回来后报销差旅费的差旅费报销单及所附的原始凭证都是会计记账的依据，会计人员要根据这些原始凭证填制记账凭证。记账凭证是会计人员根据审核无误的原始凭证或原始凭证汇总表，按照经济业务的内容进行归类整理，是确定经济业务内容的会计分录、登记账簿的直接依据。

1. 记账凭证的种类和格式

记账凭证根据其适用的经济业务不同，可分为专用记账凭证和通用记账凭证。

（1）专用记账凭证

专用记账凭证是用来专门记录某一类经济业务的记账凭证。专用记账凭证按其所记录的经济业务是否与现金和银行存款的收付有关，可分为付款凭证、收款凭证和转账凭证三种。

1）付款凭证。付款凭证是用来专门记录现金和银行存款付款业务的凭证，格式见表2—7。

表 2—7 付款凭证

贷方科目： 年 月 日 现付字第 号

摘要	借方科目		金额									记账
	一级科目	二级或明细科目	百	十	万	千	百	十	元	角	分	√
合 计												

会计主管： 记账： 审核： 出纳： 制单：

付款凭证填制方法如下：凭证所反映的经济内容摘要填写在摘要栏内，付款凭证的左上方一定是登记贷方科目，一般是“库存现金”或“银行存款”科目。借方科目栏，填写与付出现金或银行存款相对应的会计科目，同时还要注明其明细科目。在记账凭证上还要填列凭证编号，以免错记。要注明所附原始凭证的张数，防止凭证散失，便于以后查阅。

2）收款凭证。收款凭证是用来专门记录现金和银行存款收款业务的凭证，格式见表2—8。

收款凭证的填制方法和付款凭证的填制方法基本相同，不同之处是在格式栏左上角是借方科目，在格式栏中则是贷方科目，填列与收款项相对应的会计科目。

表 2—8　　　　　　　　　　　　**收款凭证**

借方科目：　　　　　　　　年　月　日　　　　　　　　现收字第　号

摘要	贷方科目		金额									记账√
	一级科目	二级或明细科目	百	十	万	千	百	十	元	角	分	
合　计												

会计主管：　记账：　审核：　出纳：　制单：

收款凭证和付款凭证都是根据有关现金和银行存款收付业务的原始凭证填制的，它们既是出纳办理收付款项的依据，也是登记有关账簿的直接依据。

在实际工作中，发生货币资金之间的收付业务一般只填制付款凭证，如从银行提取现金，只填写银行存款的付款凭证，不填写现金的收款凭证。

3）转账凭证。转账凭证是用来记录除现金和银行存款以外的其他经济业务的凭证，根据有关转账业务的原始凭证填制，如产品完工入库等，格式见表 2—9。

表 2—9　　　　　　　　　　　　**转账凭证**

年　月　日　　　　　　　　转字第　号

摘要	会计科目		借方金额									贷方金额									记账√
	一级科目	二级科目	百	十	万	千	百	十	元	角	分	百	十	万	千	百	十	元	角	分	
合　计																					

会计主管：　记账：　审核：　出纳：　制单：

（2）通用记账凭证

通用记账凭证是以一种格式记录所发生各类经济业务的凭证，不分收款、付款和转账业务。其格式与转账凭证相类似，见表 2—10。

2. 记账凭证的内容和填制要求

（1）记账凭证的基本内容

1）记账凭证的名称和填制凭证的日期以及编号。

2）填制单位的名称。

3）经济业务内容简要说明（摘要）。

4）会计分录，即借贷会计科目的名称和数额。

表 2—10

记账凭证

年　月　日　　　　　　　　第　号

科目	子科目	摘要	借方金额									贷方金额									记账√
			百	十	万	千	百	十	元	角	分	百	十	万	千	百	十	元	角	分	
合　计																					

会计主管：　会计：　记账：　审核：　制单：

5）会计主管人员、审核人员及填制和记账人员的签章，收款凭证和付款凭证中还要有出纳人员的签章。

6）所附原始凭证的数目。

（2）记账凭证的填制要求

填制记账凭证是会计核算的重要环节，是对原始凭证的整理和分类。它按照复式记账的要求，确定相应的会计分录，为登记账簿做准备，因此正确填制记账凭证具有十分重要的意义。填制记账凭证时除了要做到记录真实、内容完整、计算准确、填制及时、书写清楚外，还要注意以下几项：

1）记账凭证的摘要栏是对经济业务的简要说明，又是登记账簿的重要依据，因此记账凭证的摘要应当简明扼要。

2）必须按照统一的会计科目正确填写会计分录，不得任意简化或变动。有关的二级或明细科目要填写齐全，同时注明记账的借贷方向。

3）填制记账凭证，可以根据每一份原始凭证单独填制，也可以根据同类经济业务的多份原始凭证汇总填制，还可以根据汇总的原始凭证填制。不同类型业务的原始凭证，不能混同编制一份记账凭证。

4）记账凭证在一个月内必须连续编号，以便核查。

5）除期末转账和更正错误的记账凭证可以没有原始凭证外，其他记账凭证必须注明所附的原始凭证张数，以便核查。

3. 记账凭证的审核

记账凭证填制后，必须由专人进行审核。记账凭证的审核主要是审核凭证的填制是否符合规定的要求。审核的主要内容包括：

第一，记账凭证是否附有原始凭证以及所附的原始凭证是否齐全，附件张数与原始凭证是否一致，记账凭证的内容是否与所附原始凭证的内容相符。

第二，借贷各方的会计科目和金额是否准确，对应关系是否清晰，记账凭证中所列金额是否与原始凭证所列金额相符，合计金额是否准确。

第三，摘要是否填写清楚，各个项目是否填写齐全。在审核过程中，如果发现记账凭证有严重错误应退回制证人重新编写，如果是手续不完备则应退回补办手续，如果是个别数字或文字有错可按规定办法更改。

总之，后续的账簿记录工作必须以审核无误的记账凭证为基础。

任务实施

一、李伟借款出差报销的基本工作过程

1. 李伟填写借款单，然后找本单位负责人张明和会计主管李路签字，将借款单交给出纳范霞，范霞根据借款金额向李伟支付现金或现金支票。签字后的借款单见表2—11。

表2—11

借 款 单

2017年5月9日

借款单位：销售部门		
借款理由：出差预借差旅费		
借款数额：人民币（大写）贰仟元整 ￥2,000.00		
本单位负责人：张明		借款人：李伟
会计主管核批：李路	付款方式：现金	出纳：范霞

2. 李伟出差回来后，根据出差用款的实际情况填写差旅费报销单，见表2—12，并粘附报销的各种原始票据（见图2—18、表2—13）。会计夏丽根据原借款单与报销单填写出差补贴标准，核算并填写补贴金额和报销合计金额。

表2—12

差旅费报销单

附件：3张　　2017年5月22日

<table>
<tr><td>出差人</td><td colspan="2">李伟</td><td colspan="2">共（1）人</td><td>职务</td><td></td><td>部门</td><td>销售部</td><td>审批人</td><td></td></tr>
<tr><td>出差事由</td><td colspan="4">销售会议</td><td rowspan="2">出差
日期</td><td colspan="5" rowspan="2">自2017年5月10日
至2017年5月20日</td></tr>
<tr><td>到达地点</td><td colspan="4">南京</td></tr>
<tr><td rowspan="3">项目
金额</td><td colspan="4">交通工具</td><td colspan="2">其他</td><td>旅馆费</td><td colspan="3">伙食补助</td></tr>
<tr><td>火车</td><td>汽车</td><td>轮船</td><td>飞机</td><td colspan="2" rowspan="2">150</td><td>住宿8天</td><td>在途2天</td><td colspan="2">住勤 天</td></tr>
<tr><td>450</td><td></td><td></td><td></td><td>800</td><td>200</td><td colspan="2"></td></tr>
<tr><td colspan="6">总计人民币（大写）壹仟陆佰元整</td><td colspan="5">￥1,600.00</td></tr>
<tr><td colspan="2">原借款金额</td><td colspan="3">报销金额</td><td colspan="6">交结余或超支金额</td></tr>
<tr><td colspan="2">2,000.00</td><td colspan="3">1,600.00</td><td colspan="6">人民币（大写）肆佰元整</td></tr>
</table>

会计主管：　　会计：夏丽　　出纳：

所附原始凭证一：火车票（往返两张，见图2—18）

3D012345	北京站　售
北京 Beijing　k328次 →	南京 Nanjing
2017年5月10日18:20开	05车007号
￥225.00元	硬座普快
限乘当日当次车	
在三日内有效	

3D012344	南京站　售
南京 Nanjing　k329次 →	北京 Beijing
2017年5月20日18:20开	08车12号
￥225.00元	硬座普快
限乘当日当次车	
在三日内有效	

图2—18　火车票两张

所附原始凭证二：住宿发票（见图2—19）

3200001230　　江苏省增值税普通发票　　No：03870491

（江苏 国家税务总局监制）

发　票　联

开票日期：2017年5月20日

货物或应税劳务、服务名称	规格型号	单位	数量	单价	金额	税率	税额
购买方：名　称：北京天翔有限责任公司 纳税人识别号：320400056667123 地址、电话：北京市海淀路×××号010—84123656 开户行及账号：中国农业银行海淀支行633201040001123				密码区	33933－>70/＊7－7793＋6＋107＜05/6 776＜67625/5＊16＜1709/4＊26672 3＜＋8＊＊9/＜＊80/228461＋＜＊8/07＜ 06429/＜481626/5＞－7306＊095/3		
住宿费		天	8	94.34	754.72	6%	45.28
合　计					￥754.72		￥45.28
价税合计（大写）　捌佰元整				（小写）￥800.00			
销售方：名　称：南京×××××酒店 纳税人识别号：320400669625993 地址、电话：南京市白云区×××路511号 025—84215054 开户行及账号：中国农业银行白云支行 320—611001052006326				备注	南京××××酒店 3200001230 发票专用章		

第三联：发票联　购买方记账凭证

收款人：　　复核：　　开票人：李某　　销售方：（章）

图2—19　住宿发票

3. 借款人将报销单交给本单位负责人张明签字后，找会计主管李路签字后才可以报销，签字见表 2—13。

表 2—13　　　　　　　　差旅费报销单

附件：3 张　　　　　　　2017 年 5 月 22 日

<table>
<tr><td>出差人</td><td colspan="2">李伟</td><td colspan="2">共（1）人</td><td>职务</td><td></td><td>部门</td><td>销售部</td><td>审批人</td><td>张明</td></tr>
<tr><td>出差事由</td><td colspan="4">销售会议</td><td colspan="2" rowspan="2">出　差
日　期</td><td colspan="4" rowspan="2">自 2017 年 5 月 10 日
至 2017 年 5 月 20 日</td></tr>
<tr><td>到达地点</td><td colspan="4">南京</td></tr>
<tr><td rowspan="3">项目
金额</td><td colspan="4">交通工具</td><td colspan="2">其　他</td><td colspan="2">旅馆费</td><td colspan="2">伙食补助</td></tr>
<tr><td>火车</td><td>汽车</td><td>轮船</td><td>飞机</td><td colspan="2"></td><td colspan="2">住宿 8 天</td><td>在途 2 天</td><td>住勤　天</td></tr>
<tr><td>450</td><td></td><td></td><td></td><td colspan="2">150</td><td colspan="2">800</td><td>200</td><td></td></tr>
<tr><td colspan="11">总计人民币（大写）壹仟陆佰元整　　　　￥1,600.00</td></tr>
<tr><td colspan="2">原借款金额</td><td colspan="3">报销金额</td><td colspan="6">交结余或超支金额　￥400.00</td></tr>
<tr><td colspan="2">2,000.00</td><td colspan="3">1,600.00</td><td colspan="6">人民币（大写）肆佰元整</td></tr>
</table>

会计主管：李路　　会计：夏丽　　出纳：范霞

4. 范霞根据报销金额和借款金额之间的差额数，从李伟处收回现金，并出具收据给李伟。李伟签字后将收据交给范霞，收据的样式如图 2—20 所示。

收　　据

2017 年 5 月 23 日　　　　字 No0380221

今收到李伟交来出差还款。

人民币（大写）：肆佰元整

收款单位：

公章：

第二联：　　会计　　　　　　　　　　借款人：李伟

图 2—20　收据

二、出差业务需填制的记账凭证

出差人员无论是在出差前向财务部门借款，还是出差归来后履行相关报销手续，财务人员都必须填制相关的凭证：在借款时，会计人员一般填具付款凭证；收回相关款项时，则填具收款凭证或者转账凭证。和上面四种原始凭证不同的是，记账凭证是由会计人员填制的，且记账凭证是根据审核后的借款单等原始凭证的内容填制的。

会计部门相关的账务处理如下：

1. 在支付现金借款给李伟时，会计人员填制付款凭证，见表 2—14。

2. 李伟出差归来后交回余额，会计人员填制收款凭证和转账凭证各一份，凭证样式见表 2—15、表 2—16。

表 2—14

付款凭证

贷方科目：库存现金　　　　2017 年 5 月 9 日　　　　现付字第　号

摘要	借方科目		金额									记账
	一级科目	二级或明细科目	百	十	万	千	百	十	元	角	分	√
出差借款	其他应收款	李伟				2	0	0	0	0	0	
合　计					¥	2	0	0	0	0	0	

会计主管：　记账：　审核：　出纳：　制单：

表 2—15

收款凭证

借方科目：库存现金　　　　2017 年 5 月 23 日　　　　现收字第　号

摘要	贷方科目		金额									记账
	一级科目	二级或明细科目	百	十	万	千	百	十	元	角	分	
归还出差款	其他应收款	李伟					4	0	0	0	0	√
合　计						¥	4	0	0	0	0	

会计主管：　记账：　审核：　出纳：　制单：

表 2—16

转账凭证

2017 年 5 月 23 日　　　　转字第　号

摘要	会计科目		借方金额									贷方金额									账页
	一级科目	二级科目	百	十	万	千	百	十	元	角	分	百	十	万	千	百	十	元	角	分	
报销差旅费	管理费用					1	6	0	0	0	0										
	其他应收款														1	6	0	0	0	0	
合　计					¥	1	6	0	0	0	0			¥	1	6	0	0	0	0	

会计主管：　记账：　审核：　出纳：　制单：

思考题

1. 请以图表的形式描述出差借款的具体流程。
2. 列举出差借款中所涉及的原始凭证。

3. 为张明填一张借款单（见表2—17），借款额为人民币1,000元，用于出差预借款。

表2—17

借　款　单

年　　月　　日

借款单位：		
借款理由：		
借款数额：人民币（大写）		
本单位负责人意见：		借款人：
会计主管核批：	付款方式：现金支票	出纳：

4. 根据以下经济业务分别填制收款凭证、付款凭证和转账凭证。

2017年5月兴达公司发生的部分经济业务如下：

（1）2日，以银行存款支付应交增值税3,000元。

（2）3日，以现金预付职工王强探亲差旅费200元。

（3）5日，向中国银行借入短期借款10,000元，并存入银行。

（4）8日，以银行存款支付前欠富民公司款项20,000元。

（5）12日，出售给天元电器公司产品200件，每件售价300元，款项存入银行。

（6）18日，以银行存款5,000元支付所欠光明公司款项。

（7）20日，预支1,000元现金给业务员王刚出差使用。

（8）25日，王刚报销差旅费800元，交回200元现金。

模块二实训

通过模块二的学习，完成如下实训题目。

实训一

2017年2月20日，顺发公司的行政科秘书去泰来百货商场购买办公用品，财务处为其开出转账支票一张，金额15,000元。泰来百货公司为其开具了普通发票，列明商品名称：笔记本600本，单价15元；水笔3,000支，单价2元。顺发公司的法定代表人：李清；开户银行：常州市工商银行红梅分行；账号：245718394001224。请代顺发公司签发转账支票（见图2—21），代泰来公司开具普通发票（见表2—18）。

中国工商银行 转账支票存根 IV V286643 科　目： 对方科目： 出票日期：　年　月　日 收款人： 金额： 用途： 单位主管　会计	中国工商银行　转账支票 IV　V286643 本支票付款期限十天 出票日期(大写)　年　月　日　付款行名称： 收款人：　出票人账号： 人民币（大写）　亿 千 百 十 万 千 百 十 元 角 分 用途 上述款项请从 我账户支付 出票人签章　复核　记账

图 2—21　转账支票

表 2—18

常州市商业企业发票

发　票　联

客户名称：　　　　年　月　日　　　　No：00258796

货号	品名及规格	单位	数量	单价	金额						
					万	千	百	十	元	角	分
小写金额合计											
（大写）　万　仟　佰　拾　元　角　分											
付款方式	开户银行及账户										

开票单位（盖章）　　　　收款人：　　　　开票人：

实训二

2017 年 10 月 13 日，顺发公司的销售员将公司自产的西服 150 套销售给达利百货公司，单价 1,400 元。达利百货公司交来转账支票一张，金额为 245,700 元。顺发公司为其开具了增值税专用发票一张。顺发公司的法定代表人：李清；开户银行：常州市工商银行红梅分行；账号：245718394001224。达利百货公司的法定代表人：赵印；开户银行：常州市工商银行天宁分行；账号：245718594001452。请代顺发公司开具增值税专用发票（见图 2—22），代达利百货公司签发转账支票（见图 2—23）。

3200001170 全国统一发票监制章 江苏省增值税专用发票 国家税务总局监制 No：0387××××

发 票 联

检验码××××× 开票日期： 年 月 日

购买方	名 称： 纳税人识别号： 地址、电话： 开户行及账号：			密码区			
货物或应税劳务、服务名称	规格型号	单位	数量	单价	金额	税率	税额
合 计							
价税合计(大写)					(小写)		
销售方	名 称： 纳税人识别号： 地址、电话： 开户行及账号：			备注			

第三联：发票联购买方记账凭证

收款人： 复核： 开票人： 销售方：(章)

图 2—22 增值税专用发票

中国工商银行
转账支票存根
IV V286643
科 目：
对方科目：
出票日期： 年 月 日

收款人：
金额：
用途：

单位主管 会计

中国工商银行 转账支票

IV V286643

本支票付款期限十天

出票日期(大写) 年 月 日 付款行名称：
收款人： 出票人账号：

人民币(大写)	亿	千	百	十	万	千	百	十	元	角	分

用途 ______
上述款项请从
我账户支付
出票人签章 复核 记账

图 2—23 转账支票

实训三

2017 年 11 月 18 日，顺发公司销售员王丽预借差旅费 2,500 元，陈杰为销售处处长，徐龙为会计主管，葛娴为出纳。请代王丽填写借款单（见表 2—19）。

表 2—19

借款单

年　月　日

借款单位：		
借款理由：		
借款数额：人民币（大写）		
本单位负责人意见：		借款人：
会计主管核批：	付款方式：	出纳：

2017 年 11 月 28 日，王丽出差回来，拿着火车票、住宿发票到财务处报销。她从常州到上海的往返车票共计 160 元，住宿费是每天 100 元，共住了 5 天，每天单位补助 30 元。请代王丽填写差旅费报销单（见表 2—20）。

表 2—20

差旅费报销单

年　月　日　　　　附件（　）张

出差人		共（ ）人	职务		部门		审批人	
出差事由			出差日期		自　年　月　日			
到达地点					至　年　月　日			
项目金额	交通工具				其他	旅馆费	伙食补助	
	火车	汽车	轮船	飞机		住宿（　）天	在途（　）天	住勤　天
总计人民币（大写）								

原借款金额	报销金额	交结余或超支金额
		人民币（大写）

会计主管：　　　会计：　　　出纳：

模块三　账簿的登记

任务1　登记账簿

知识目标

- ➢账簿启用、登记的规定
- ➢日记账、总分类账、明细分类账的登记

能力目标

- ➢启用账簿时能够填写账簿启用及交接登记表
- ➢能够登记日记账、总分类账、明细分类账

任务引入

在模块一任务3中，唐伟学会了对公司成立以来所发生经济业务的会计分录进行编制，并编制了记账凭证。现在唐伟想根据记账凭证登记账簿，摆在他面前的有日记账、总分类账两种订本账簿，还有几种不同格式的活页账簿，唐伟应如何选择并登记账簿呢？

任务分析

唐伟要想根据记账凭证登记账簿，首先应确定公司的账务处理程序，按照公司的账务处理程序登记账簿，登记账簿还必须确定用哪种格式的账簿，是订本账簿还是活页账簿。可见，唐伟应学习与账簿相关的知识及账务处理程序。

相关知识

一、会计账簿

1. 会计账簿的定义

会计账簿是由一定格式的账页组成，以会计凭证为依据，序时登记各项经济业务的

簿籍。各单位应当按照国家统一的会计制度规定和会计业务需要设置会计账簿。

2. 会计账簿的分类

（1）按用途分类

按照用途，会计账簿的分类如图 3—1 所示。

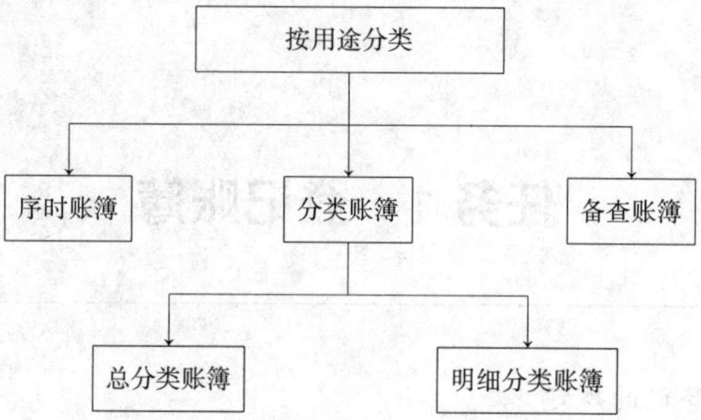

图 3—1　会计账簿按用途分类

1）序时账簿，是按照经济业务发生或完成的先后顺序逐笔逐日连续登记的账簿。目前，我国企业等单位设置的日记账一般有库存现金日记账、银行存款日记账。

2）分类账簿，是对各项经济业务按照它所涉及的账户进行分类登记的账簿，又可分为总分类账簿和明细分类账簿两种。总分类账簿是根据总分类科目开设的账户，用来分类登记全部经济业务，提供总括核算资料的分类账簿。明细分类账簿是根据总账科目设置，按其所属的二级或明细科目设置的账户，用来分类登记某一类经济业务，提供明细核算资料的分类账簿。

3）备查账簿，又称辅助账簿，是对序时账簿和分类账簿等主要账簿未能记载的或记载不全的经济业务进行补充登记的账簿，如“委托加工材料登记簿”“租入固定资产登记簿”等。

（2）按外表形式分类

按照外表形式，会计账簿的分类如图 3—2 所示。

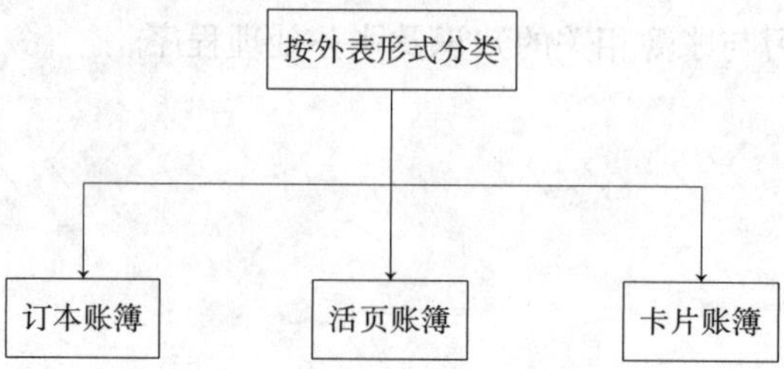

图 3—2　会计账簿按外表形式分类

1）订本账簿，是指在启用前就将若干账页顺序编号并固定装订成册的账簿。使用订本式账簿可以避免账页散失和被抽换，保证账簿记录的安全性。但由于账页是固定的，不能根据记账需要随时进行增减，也不便于记账分工。会计制度要求总分类账、库存现金日记账、银行存款日记账必须采用订本账簿。

2）活页账簿，是指由分散的账页组成，可以随时取放账页的账簿。采用活页账簿便于记账分工，可根据需要增减账页，也有利于记账工作的电算化，但容易造成账页的失散和抽换。在会计实务中，活页账簿主要用于各种明细分类账。

3）卡片账簿，是由许多具有一定格式的卡片组成，可以根据需要随时增添的账簿。其优缺点与活页账簿相同。

(3) 按账页格式分类

按照账页格式，会计账簿的分类如图 3—3 所示。

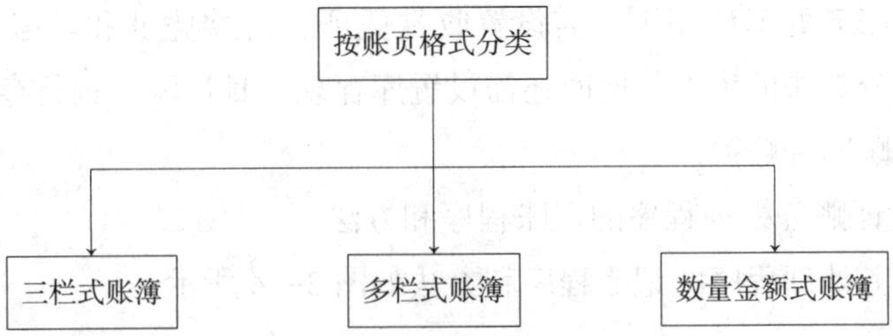

图 3—3　会计账簿按账页格式分类

1）三栏式账簿，是设有借方、贷方和余额三个基本栏目的账簿。各类日记账、总分类账以及资本、债权、债务明细账都可以采用三栏式账簿。

2）多栏式账簿，是在账簿的两个基本栏目借方和贷方按需要分设若干栏的账簿，如多栏式日记账、多栏式明细账。专栏设置在借方还是贷方，或者两方同时设专栏，设多少专栏，根据需要确定。收入、费用明细账一般采用这种格式的账簿。

3）数量金额式账簿，是账簿的借方、贷方和余额三个栏目内都分设数量、单价和金额三小栏，以反映财产物资的实物数量和价值量。原材料、库存商品等明细账一般都采用数量金额式账簿。

二、账务处理程序

会计核算中，填制了记账凭证后，就要登记账簿，根据什么来登记账簿，是账务处理程序所要解决的问题。账务处理程序亦称“会计核算组织程序”或“会计核算形式”，是将会计凭证、会计账簿、记账程序和方法有机结合起来的一种组织方式。它规定了会计从审核、整理原始凭证，填制和汇总记账凭证，登记账簿到编制会计报表的一系列有序的工作程序和方法。

不同的账务处理程序规定了填制会计凭证、登记账簿、编制会计报表的不同步骤和方法。我国企业事业单位常用的账务处理程序主要有以下三种：

记账凭证账务处理程序：直接根据各种记账凭证逐笔登记总分类账的一种账务处理程序。

科目汇总表账务处理程序：定期将所有记账凭证汇总编制成科目汇总表，然后再根据科目汇总表登记总分类账的一种账务处理程序。

汇总记账凭证账务处理程序：定期将记账凭证汇总编制成各种汇总记账凭证，然后再根据汇总记账凭证登记总分类账的一种账务处理程序。

1. 记账凭证账务处理程序

（1）记账凭证账务处理程序的特点

记账凭证账务处理程序具有直接根据记账凭证逐笔登记总分类账的特点。

（2）记账凭证账务处理程序设置的会计凭证和账簿

在记账凭证账务处理程序下，需设置收款凭证、付款凭证和转账凭证三种会计凭证，作为登记总分类账的依据。同时还需设置库存现金日记账、银行存款日记账、总分类账和明细分类账四种账簿。

（3）记账凭证账务处理程序的记账程序和方法

记账凭证账务处理程序的记账程序和方法如图 3—4 所示。

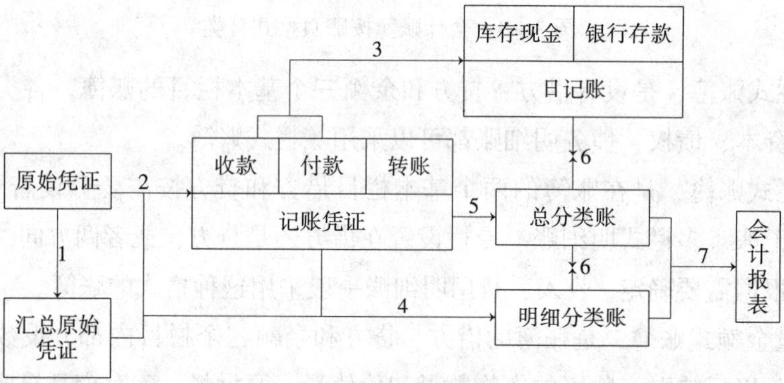

图 3—4　记账凭证账务处理程序的记账程序和方法

1）根据原始凭证编制汇总原始凭证。

2）根据各种原始凭证或汇总原始凭证编制记账凭证（包括收款凭证、付款凭证和转账凭证）。

3）根据收款凭证、付款凭证逐笔登记库存现金日记账和银行存款日记账。

4）根据原始凭证、汇总原始凭证和记账凭证登记各种明细分类账。

5）根据记账凭证逐笔登记总分类账。

6）月终，将库存现金日记账、银行存款日记账的余额以及各种明细分类账户余额合计数，分别与总分类账中有关科目的余额核对相符。

7）月终，根据核对无误的总分类账和各种明细分类账的记录编制会计报表。

(4) 记账凭证账务处理程序的优缺点和适用范围

1) 优点。记账凭证账务处理程序比较简单明了，易于理解，总分类账较详细地记录和反映了经济业务的发生情况，来龙去脉清楚，便于了解经济业务动态和查对账目。

2) 缺点。由于总分类账是直接根据记账凭证逐笔登记的，如果一个企业规模大，记账凭证多，登记总分类账的工作量也会很大。

3) 适用范围。这种账务处理程序一般适用于规模较小且经济业务较少的经济单位。

2. 科目汇总表账务处理程序

(1) 科目汇总表账务处理程序的特点

定期地将所有记账凭证汇总编制成科目汇总表，然后再根据科目汇总表登记总分类账。

(2) 科目汇总表账务处理程序设置的会计凭证和账簿

设置的会计凭证和账簿同记账凭证账务处理程序。

(3) 科目汇总表账务处理程序的记账程序和方法

科目汇总表账务处理程序的记账程序和方法如图 3—5 所示。

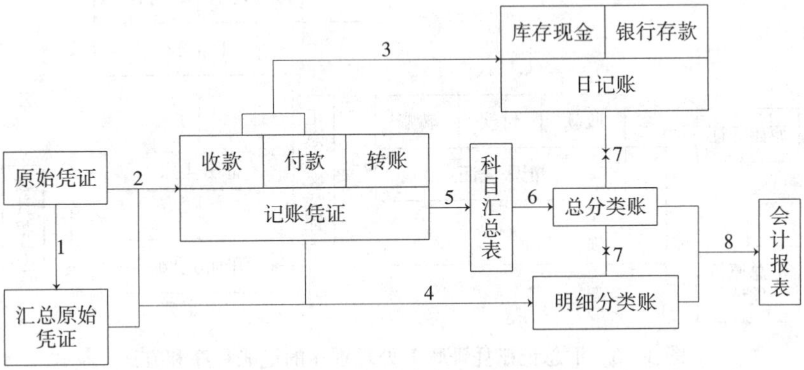

图 3—5 科目汇总表账务处理程序的记账程序和方法

1) 根据原始凭证编制汇总原始凭证。

2) 根据各种原始凭证或汇总原始凭证编制记账凭证（包括收款凭证、付款凭证和转账凭证）。

3) 根据收款凭证、付款凭证逐笔登记库存现金日记账和银行存款日记账。

4) 根据原始凭证、汇总原始凭证和记账凭证登记各种明细分类账。

5) 根据一定时期内的全部记账凭证汇总编制成科目汇总表。

6) 根据科目汇总表登记总分类账。

7) 月终，将库存现金日记账、银行存款日记账的余额以及各种明细分类账户余额合计数，分别与总分类账中有关科目的余额核对相符。

8) 月终，根据核对无误的总分类账和各种明细分类账的记录编制会计报表。

（4）科目汇总表账务处理程序的优缺点和适用范围

1）优点。由于总分类账是根据定期编制的科目汇总表登记的，大大减少了登记总分类账的工作量。

2）缺点。科目汇总表是按总分类账科目汇总编制的，只能作为登记总分类账和试算平衡的依据，不便于分析和检查经济业务的来龙去脉，不便于查对账目。

3）适用范围。科目汇总表账务处理程序适用于经济业务较多的经济单位。

3. 汇总记账凭证账务处理程序

（1）汇总记账凭证账务处理程序的特点

先根据记账凭证定期编制汇总记账凭证，再据此登记总分类账。

（2）汇总记账凭证账务处理程序设置的会计凭证和账簿

设置会计凭证和账簿同记账凭证账务处理程序。

（3）汇总记账凭证账务处理程序的记账程序和方法

汇总记账凭证账务处理程序的记账程序和方法如图 3—6 所示。

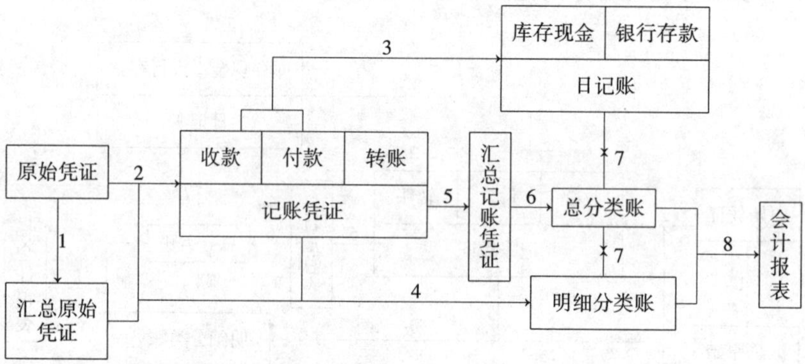

图 3—6　汇总记账凭证账务处理程序的记账程序和方法

1）根据原始凭证编制汇总原始凭证。

2）根据各种原始凭证或汇总原始凭证编制记账凭证（包括收款凭证、付款凭证和转账凭证）。

3）根据收款凭证、付款凭证逐笔登记库存现金日记账和银行存款日记账。

4）根据原始凭证、汇总原始凭证和记账凭证登记各种明细分类账。

5）根据一定时期内的各种记账凭证汇总编制成各种汇总记账凭证。

6）根据汇总记账凭证登记总分类账。

7）月终，将库存现金日记账、银行存款日记账的余额以及各种明细分类账户余额合计数，分别与总分类账中有关科目的余额核对相符。

8）月终，根据核对无误的总分类账和各种明细分类账的记录编制会计报表。

（4）汇总记账凭证账务处理程序的优缺点和适用范围

1）优点。月终根据汇总记账凭证一次登记总分类账，大大减少了登记总分类账的工作量；编制的汇总记账凭证和登记总分类账的资料，都能够反映账户之间的对应关系，便于对经济活动情况进行分析、监督。

2）缺点。汇总转账凭证是按贷方账户归类汇总的，而不是按经济业务的性质归类汇总的；编制汇总记账凭证的工作量比较大，特别是在同一贷方账户的转账凭证数量较多时，通过汇总记账凭证，就难于起到简化记账工作的作用。

3）适用范围。汇总记账凭证账务处理程序适用于规模较大、业务量较多、财会机构健全、分工明确的企业。

三、会计账簿的启用与登记规则

1. 账簿的启用与交接

（1）账簿的启用

会计账簿在启用时，应首先在账簿的封面上写明单位名称、账簿名称和使用年度，然后认真填写账簿扉页上的“账簿启用及交接登记表”，内容包括企业名称、账簿名称、账簿编号、账簿页数、起讫日期等，并填写会计机构负责人、会计主管和记账人员的姓名并盖章，在指定位置加盖单位公章。“账簿启用及交接登记表”格式见表3—1。

表3—1 账簿启用及交接登记表

<table>
<tr><td>账簿名称</td><td></td><td>账簿编号</td><td></td><td>企业名称</td><td></td></tr>
<tr><td>起讫日期</td><td></td><td>验印日期</td><td></td><td rowspan="4">企业盖章</td><td rowspan="4"></td></tr>
<tr><td>账簿册数</td><td colspan="3">共 册第 册</td></tr>
<tr><td>账簿页数</td><td colspan="3">自 页至 页共 页</td></tr>
<tr><td>会计主管</td><td></td><td>记账员</td><td></td></tr>
<tr><td colspan="6">交接记录</td></tr>
</table>

移交日期	移交人	接管日期	接管人	监交人

审核记录

<table>
<tr><td rowspan="3">审核人</td><td>职务</td><td></td><td rowspan="3">审核时间</td><td rowspan="3">起讫</td><td rowspan="3"></td></tr>
<tr><td>姓名</td><td></td></tr>
<tr><td>签章</td><td></td></tr>
<tr><td>税务局盖章</td><td colspan="2"></td><td></td><td>贴印花处</td><td></td></tr>
</table>

启用订本账，应当从第一页到最后一页顺序编定页数，不得跳页、缺号；使用活页

账页，应当按账户顺序编号，并需定期装订成册。装订后再按实际使用的账页顺序编定页码，另加目录记明每个账户的名称和页次。

（2）账簿的交接

按照我国会计制度的规定，会计人员的工作岗位应有计划地实行轮换。当会计人员因岗位调整、工作调动或因故离职时，应按国家会计制度的有关规定办理交接手续，并由交出、接管和监交人员在相关账簿上填明交接日期、姓名、职务，加盖有关人员名章。办理移交前必须做好以下工作：

1）填制完已受理业务的会计凭证。登记完尚未登记的账目，并在最后一笔余额后加盖经办人员印章；整理应移交的资料，对未了事项写出书面说明；编制移交清册，列明应移交的各种资料和物品。

2）双方交接时，必须由专人负责监交。一般会计人员办理交接，可由会计机构负责人或会计主管负责监交；会计机构负责人或会计主管办理交接，可由单位领导人负责监交，必要时可请主管部门派员会同监交。

3）交接双方按移交清册列明的内容逐项进行交接。移交时，如发现现金短缺、账目余额不一致，必须查明原因并在移交清册中注明，由移交人负责。交接结束，交接双方和监交人在移交清册上签名或盖章，以明确责任，同时，移交清册由交接双方及单位各执一份，以供备查。

4）接替人员必须继续使用移交的会计账簿，不得中途另立新账。移交人对自己经办且已经移交的会计资料的合法性、真实性仍承担法律责任。

（3）印花税

企业在启用账簿时，按照我国税法的规定必须缴纳印花税。印花税是对经济活动和经济交往中书立、领受、使用具有法律效力的凭证的单位和个人征收的一种税。书立是指立合同、立书据、立账簿；领受是指领受权利和许可证照；使用是指使用在国外书立、领受的应税凭证，即在中国境内签订合同、立书据、领取权利证和许可证照、启用账簿都要缴纳印花税。

印花税应当在书立或领受时贴花，具体是指在签订合同时、启用账簿时和领受时贴花。如果合同是在国外签订，并且不便在国外贴花的，应在将合同带入境时办理贴花纳税手续。

印花税为有价证券，其票面金额以人民币为单位，分为1角、2角、5角、1元、2元、5元、10元、50元、100元九种。

印花税的税率为比例税率或定额税率，以“金额”“收入”和“费用”作为计税依据的合同、书据和营业账簿中“实收资本”和“资本公积”账簿适用比例税率，权利、许可证照和营业账簿中除“实收资本”和“资本公积”账簿以外的其他账簿适用定额税率。税率见表3—2。

表 3—2 印花税税率表

税率形式	税目	税率
比例税率	借款合同	0.05‰
	购销合同、建筑安装工程承包合同、技术合同	0.3‰
	加工承揽合同、建筑工程勘察设计合同、货物运输合同、产权转移书据、记载资金的账簿	0.5‰
	财产租赁合同、仓储保管合同、财产保险合同、股权转让书据	1‰
定额税率	权利、许可证照和“营业账簿”中其他账簿	5元

印花税的计算：

应纳印花税额=应税凭证计税金额（或应税凭证件数）×适用税率

【例 3—1】 某企业 2017 年 2 月开业，当年发生以下有关事项：领受产权证、工商营业执照、土地使用证各一件；订立借款合同一份，所载金额为 400 万元；企业记载资金的“实收资本”“资本公积”账簿为 800 万元；其他营业账簿 10 本。计算该企业 2017 年应缴纳的印花税。

领受产权证、许可证照应纳税额=3×5=15（元）

订立借款合同应纳税额=400×0.05‰=200（元）

企业记载资金账簿的应纳税额=8,000,000×0.5‰=4,000（元）

企业其他营业账簿应纳税额=10×5=50（元）

印花税的纳税方法包括：

1）自行贴花。这种方法一般适用于应税凭证较少或者贴花次数较少的纳税人。纳税人在书立、领受或者使用印花税法列举的应税凭证的同时，纳税义务即已产生，应当根据应纳税凭证的性质和适用的税目税率，自行计算应纳税额，自行购买印花税票，自行一次贴足印花税票并加以注销或划销，纳税义务才算全部履行完毕。值得注意的是，纳税人购买了印花税票，支付了税款，国家就取得了财政收入。但就印花税来说，纳税人支付了税款并不等于已履行了纳税义务，纳税人必须自行贴花并注销或划销，这样才算完整地完成纳税义务。

2）汇贴或汇缴纳。这种方法一般适用于应纳税额较大或者贴花次数频繁的纳税人。一份凭证应纳税额超过 500 元的，应向当地税务机关申请填写缴款书或者完税证，将其中一联粘贴在凭证上或者由税务机关在凭证上加注完税标记代替贴花。

3）委托代征。这种方法主要是通过税务机关的委托，经由发放或者办理应纳税凭证的单位代为征收印花税税款。

缴纳印花税应填写印花税纳税申报表，见表 3—3。

表 3—3 **印花税纳税申报表**

填表日期：　年　月　日

纳税人识别号 | | | | | | | | | | | | | | | |　　金额单位：元(列至角分)

<table>
<tr><td colspan="4">纳税人名称</td><td colspan="3"></td><td colspan="3">税款所属时期</td><td></td></tr>
<tr><td rowspan="2">应税凭证名称</td><td rowspan="2">件数</td><td rowspan="2">计税金额</td><td rowspan="2">适用税率</td><td rowspan="2">应纳税额</td><td rowspan="2">已纳税额</td><td rowspan="2">应补(退)税额</td><td colspan="4">购花贴花情况</td></tr>
<tr><td>上期结存</td><td>本期购进</td><td>本期贴花</td><td>本期结存</td></tr>
<tr><td></td><td></td><td></td><td></td><td></td><td></td><td></td><td></td><td></td><td></td><td></td></tr>
<tr><td></td><td></td><td></td><td></td><td></td><td></td><td></td><td></td><td></td><td></td><td></td></tr>
<tr><td></td><td></td><td></td><td></td><td></td><td></td><td></td><td></td><td></td><td></td><td></td></tr>
<tr><td></td><td></td><td></td><td></td><td></td><td></td><td></td><td></td><td></td><td></td><td></td></tr>
<tr><td></td><td></td><td></td><td></td><td></td><td></td><td></td><td></td><td></td><td></td><td></td></tr>
<tr><td colspan="5">如纳税人填报，由纳税人填写以下各栏</td><td colspan="5">如委托代理人填报，由代理人填写以下各栏</td><td>备注</td></tr>
<tr><td colspan="3" rowspan="3">会计主管
（签章）</td><td colspan="2" rowspan="3">纳税人
（公章）</td><td>代理人名称</td><td></td><td colspan="3" rowspan="2">代理人
（公章）</td><td rowspan="3"></td></tr>
<tr><td>代理人地址</td><td></td></tr>
<tr><td>经办人姓名</td><td></td><td>电话</td><td colspan="2"></td></tr>
<tr><td colspan="11">以下由税务机关填写</td></tr>
<tr><td colspan="4">收到申报表日期</td><td colspan="4"></td><td>接收人</td><td colspan="2"></td></tr>
</table>

2. 会计账簿登记的基本要求

（1）登记依据：经审核无误的原始凭证和记账凭证。

（2）登记笔迹墨水颜色。必须用蓝黑墨水或黑色墨水书写，除结账、改错、冲销账簿记录、负余额外，不得使用红色墨水或红色圆珠笔书写，不得使用圆珠笔（银行账簿除外）或者铅笔书写。

（3）登记内容。每笔都必须记明日期、凭证号数、摘要和金额，登记完毕后，要在记账凭证上签名或者盖章，并注明已经登账的符号“√”，表示已记账。

（4）登记顺序。各种账簿按页次顺序连续登记，不得跳行、隔页。如果发生隔页、跳行，应该将空行、空页画红对角线注销，或者注明“此行空白”“此页空白”字样，并由记账人员盖章表示负责。

（5）借贷方向的登记。与凭证上所记的借贷方向相同。

（6）书写文字、数字上面要留有适当空格，不要写满格，文字及数字的大小占行间的 1/2。

（7）转页手续。每一账页登记完毕结转下页时，应当结出本页合计数及余额，写在本页最后一行和下页第一行有关栏内，并在账页最末行摘要栏注明“过次页”，在次页的第一行摘要栏内注明“承前页”。

对需要结计本月发生额的账户，结计“过次页”的本页合计数应当为自本月初起到本页末止的发生额合计数；对还需要结计本年累计发生额的账户，结计“过次页”的本页合计数应当为自年初起至本页末止的累计数；对既不需要结计本月发生额也不需要结计本年累计发生额的账户，可以只将每页末的余额结转次页。

（8）错账更正。账簿中不允许涂改、刮擦、挖补或用褪色药水更改字迹，如有错误应按规定的错误更正方法更正。

（9）更换新账。各种账簿每年原则上都要更换新账。

（10）账户的余额。凡需要结出余额的账户，在结出余额后，应当在“借或贷”等栏内写明“借”或“贷”等字样。没有余额的账户，应当在“借或贷”等栏内写“平”字，并在余额栏内用“0”表示。现金日记账和银行存款日记账必须逐日结出余额。

四、账簿的设置及登记方法

账簿的设置，包括确定账簿的种类、数量，设计账簿的内容和格式。

1. 日记账的设置及登记方法

按照国家会计制度的规定，企业必须设置库存现金日记账和银行存款日记账，有外币业务的单位还需要按币种不同分别设置外币现金日记账和银行存款日记账。

（1）库存现金日记账

库存现金日记账是由出纳根据现金的收款凭证和付款凭证，按照经济业务发生时间顺序逐日逐笔进行登记，目的在于随时掌握现金的收支动态和结存，全面检查现金收支业务，防止发生差错以保护现金的安全。库存现金日记账一般采用“三栏式”，基本结构为“收入”“支出”和“结余”三栏，基本格式见表3—4。

表3—4　　库存现金日记账　　第　页

××××年		凭证号数	摘要	对方科目	收入	支出	余额
月	日						
1	1		期初余额				300
	2	银付1	提取现金	银行存款	7,000		7,300
	2	现付1	购买办公用品	管理费用		500	6,800
	2	现收1	销售产品	主营业务收入	40,000		46,800
	2	现付2	将现金存入银行	银行存款		30,000	16,800
	2	现付4	职工培训费	管理费用		2,000	14,800
1	31		本月合计		856,430	837,700	18,730

库存现金日记账的登记方法：“年、月、日”“凭证号数”“摘要”按现金收款凭证和现金付款凭证逐日逐笔序时登记，“收入”栏根据收款凭证登记，“支出”栏根据付款凭证登记。但从银行提取现金的收入数，则应根据银行存款的付款凭证登记。每日登记完毕，应结出当日的现金收入合计数、支出合计数和结余数，并将结余数与库存现金实际数核对，做到账实相符。

（2）银行存款日记账

银行存款日记账应按每一种存款分别设置，由出纳根据审核后的银行存款收、付款凭证逐日逐笔序时登记。其格式一般有“三栏式”和“多栏式”。

银行存款日记账登记方法：“年、月、日”“凭证号数”等栏，根据银行存款的收款凭证和付款凭证逐日逐笔登记。“收入”栏根据收款凭证登记，“支出”栏根据付款凭证登记，如果是由现金存入银行的收入数或由其他银行存款户转入的收入数，则应根据现金的付款凭证或其他银行存款的会计凭证登记。每日终了，应结出存款余额。银行存款日记账应定期与银行对账单核对，至少每月核对一次。月份终了，如果账面结余数与银行对账单余额之间有差额，必须逐笔查明原因进行处理，并按月编制“银行存款余额调节表”，直至调整相符。银行存款日记账格式见表3—5。

表3—5 银行存款日记账

种类：结算户存款　　　　账户　　第　页

××××年		凭证号数	摘要	对方科目	收入	支出	余额
月	日						
1	1		期初余额				255,00
	2	银付1	提取现金	库存现金		2,000	23,500
	2	银收1	收回前欠货款	应收账款	5,000		28,500
	2	银付2	采购材料	材料采购		1,350	27,150
	2	银付3	付广告费	营业费用		5,000	22,150
	2	银付4	归还欠款	应付账款		8,000	14,150
	2	银付5	付修理费	管理费用		1,200	12,950
	2	银收2	收回销货款	应收账款	40,000		
…	…	…	…	…	…	…	…
1	31		本月合计		286,840	259,390	52,950

2. 分类账簿的设置与登记

（1）总分类账簿的设置与登记方法

总分类账一般采用“三栏式”结构的订本账簿。设置总分类账时，在同一账簿要设立多个总分类账户，每一账户之间可预留若干账页，为全面记录时使用，每个账户的第一页可用索引纸标明。经济业务少的单位也可以设置“多栏式”总分类账，这种账簿把全部总分类账户设立在同一账页中。“三栏式”总分类账可以根据记账凭证直接逐笔登记，也可以将一定时期的记账凭证先汇总编制成科目汇总表或汇总记账凭证，再据此登记总账。

（2）明细分类账簿的设置与登记方法

明细分类账是按照公司所设的二级科目或明细科目开设的，能够提供详细、具体的经济活动资料。设置明细分类账，目的是对总分类账的一种明细补充，是为了表明总分类账的构成要素。企业一般应依据会计制度设置明细分类账的有关规定和企业进行会计管理的需要设置若干明细分类账。明细分类账的格式包括：“三栏式”“数量金额式”“多栏式”。

1）三栏式明细分类账。三栏式明细分类账的账页，只设有“借方”“贷方”和“余额”三个金额栏，不设数量栏，主要适用于只反映价值量、不反映实物量的明细分类账。这种格式适用于结算类账户和实收资本账户，如应收账款、应收票据、其他应收款、应付职工薪酬、应付账款、应付票据等。三栏式明细分类账的格式见表3—6。

表3—6　三栏式明细分类账（借贷式）

___级科目　编号及名称______

___级科目　编号及名称______

年		凭证号数	摘要	借方余额	贷方余额	借或贷	余额	√
月	日							

2）数量金额式明细分类账。数量金额式明细分类账设有“收入”“发出”和“结存”三栏，每栏再分设“数量”“单价”和“金额”三栏。这种明细分类账格式，主要适用于既核算价值量又核算实物量的明细分类账，原材料、库存商品、委托加工物资等账户都采用数量金额式明细分类账。数量金额式明细分类账的格式见表3—7。

表 3—7　　数量金额式明细分类账

年		凭证号数	摘要	收入			发出			结余			√
月	日			数量	单价	金额	数量	单价	金额	数量	单价	金额	

3）多栏式明细分类账。多栏式明细分类账是在账页中设置若干个金额栏的明细分类账簿。通过设置多个金额栏可以在同一账页反映一个总分类所属全部明细分类账户的资金变化情况，一般适用于设置收入、费用、成本等账户，如生产成本、主营业务收入、制造费用、管理费用等明细分类账。多栏式明细分类账的格式见表 3—8。

表 3—8　　多栏式明细分类账

年		凭证号数	摘要	借方				借方余额
月	日							

3. 总分类账户与明细分类账户的平行登记

总分类账户与明细分类账户的平行登记，是指对于发生的每一项经济业务，依据会计凭证分别在总分类账户和其所属的明细分类账户进行登记的方法。总分类账户与明细分类账户之间平行登记的基本要求可以归纳为以下几点：

（1）同依据登记

对于每一项经济业务，应根据审核无误后的同一凭证，一方面记入有关的总分类账户，另一方面记入该总分类账所属的有关各明细分类账户。

（2）同时期登记

每一项经济业务，既要记入有关的总分类账户，又要记入有关的明细分类账户，并且应该在同一会计期间记入。在实际工作中，两者登记并非同一时间，可以有先有后，但必须是同一会计期间。例如，总分类账户记入时间是 5 月份，明细分类账户可以提前记入 4 月份或延期记入 6 月份。

（3）同方向登记

在对总分类账户和其所属明细分类账户进行登记时，其记账方向必须相同。即总分类账户记在借方，其所属的明细分类账户也要记在借方；总分类账户记在贷方，其所属的明细分类账户也要记在贷方。

（4）等金额登记

每一项经济业务，记入总分类账户的金额必须与记入其所属的各个明细分类账户的金额之和相等。

【例 3—2】 好友服装有限公司筹建期间向朋友王明借款 50,000 元，这笔款项应根据借据填制记账凭证，并在“应付账款”总账和明细分类账中同时登记。登记结果见表 3—9~表 3—11。

表 3—9　　**记账凭证**

2017 年 10 月 5 日　　第 5 号

摘要	总账科目	明细科目	借方金额									贷方金额									记账√
			百	十	万	千	百	十	元	角	分	百	十	万	千	百	十	元	角	分	
向朋友借款	银行存款				5	0	0	0	0	0	0										√
	应付存款	王明												5	0	0	0	0	0	0	√
附件　张	合　计			¥	5	0	0	0	0	0	0		¥	5	0	0	0	0	0	0	

会计主管：××　会计：××　记账：××　审核：××　制单：××

表 3—10　　**应付账款总账**

2017 年		凭证编号	摘要	借方	贷方	借或贷	余额	记账√
月	日							
10	5	5	向朋友借款		50,000	贷	50,000	√

表 3—11　　**应付账款明细分类账**

明细科目：王明

2017 年		凭证编号	摘要	借方	贷方	借或贷	余额	记账√
月	日							
10	5	5	向朋友借款		50,000	贷	50,000	√

任务实施

唐伟进行账簿登记时，库存现金日记账、银行存款日记账和总分类账应选择三栏式的订本账簿，实收资本、应付账款明细分类账可以用三栏式账页，固定资产、原材料、库存商品明细分类账可以用数量金额式账页，主营业务收入、其他业务收入、长期待摊费用、管理费用、主营业务成本可以用多栏式账页。账簿的登记如下：

1. 好友服装有限公司成立时的注册资金 200,000 元，根据模块一任务 3 所编制的记账凭证应在账簿中进行登记，见表 3—12、表 3—13。

表 3—12 **银行存款总账**

2017 年		凭证编号	摘要	借方	贷方	借或贷	余额	记账√
月	日							
9	8	1	收到注册资金	200,000		借	200,000	√

表 3—13 **实收资本总账**

2017 年		凭证编号	摘要	借方	贷方	借或贷	余额	记账√
月	日							
9	8	1	收到注册资金		200,000	贷	200,000	√

2. 公司注册过程中发生的费用共计 6,000 元，根据模块一任务 3 所编制的记账凭证应在账簿中进行登记，见表 3—14、表 3—15。

表 3—14 **银行存款总账**

2017 年		凭证编号	摘要	借方	贷方	借或贷	余额	记账√
月	日							
9	8	1	收到注册资金	200,000		借	200,000	√
9	10	2	支付公司注册费		6,000	借	194,000	√

表 3—15　　**管理费用总账**

2017 年		凭证编号	摘要	借方	贷方	借或贷	余额	记账√
月	日							
9	10	2	支付公司注册费	6,000		借	6,000	√

3. 公司购置设备100,000元，根据模块一任务3所编制的记账凭证应在账簿中进行登记，见表3—16、表3—17。

表 3—16　　**银行存款总账**

2017 年		凭证编号	摘要	借方	贷方	借或贷	余额	记账√
月	日							
9	8	1	收到注册资金	200,000		借	200,000	√
9	10	2	支付公司注册费		6,000	借	194,000	√
9	18	3	购置设备		100,000	借	94,000	√

表 3—17　　**固定资产总账**

2017 年		凭证编号	摘要	借方	贷方	借或贷	余额	记账√
月	日							
9	18	3	购置设备	100,000		借	100,000	√

4. 购置材料50,000元，根据模块一任务3所编制的记账凭证应在账簿中进行登记，见表3—18、表3—19。

表 3—18　　**银行存款总账**

2017 年		凭证编号	摘要	借方	贷方	借或贷	余额	记账√
月	日							
9	8	1	收到注册资金	200,000		借	200,000	√
9	10	2	支付公司注册费		6,000	借	194,000	√
9	18	3	购置设备		100,000	借	94,000	√
9	30	4	购置原材料		50,000	借	44,000	√
9	30		本月合计	200,000	156,000	借	44,000	

表 3—19 **原材料总账**

2017年		凭证编号	摘要	借方	贷方	借或贷	余额	记账√
月	日							
9	30	4	购入材料	50,000		借	50,000	√

5. 向朋友借款 50,000 元，根据模块一任务 3 所编制的记账凭证应在账簿中进行登记，见表 3—20、表 3—21。

表 3—20 **银行存款总账**

2017年		凭证编号	摘要	借方	贷方	借或贷	余额	记账√
月	日							
9	8	1	收到注册资金	200,000		借	200,000	√
9	10	2	支付公司注册费		6,000	借	194,000	√
9	18	3	购置设备		100,000	借	94,000	√
9	30	4	购置原材料		50,000	借	44,000	√
9	30		本月合计	200,000	156,000	借	44,000	
10	5	5	向朋友借款	50,000		借	94,000	√

表 3—21 **应付账款总账**

2017年		凭证编号	摘要	借方	贷方	借或贷	余额	记账√
月	日							
10	5	5	向朋友借款		50,000	贷	50,000	√

6. 支付房屋租赁费 80,000 元，根据模块一任务 3 所编制的记账凭证应在账簿中进行登记，见表 3—22、表 3—23。

表 3—22 银行存款总账

2017 年		凭证编号	摘要	借方	贷方	借或贷	余额	记账 √
月	日							
9	8	1	收到注册资金	200,000		借	200,000	√
9	10	2	支付公司注册费		6,000	借	194,000	√
9	18	3	购置设备		100,000	借	94,000	√
9	30	4	购置原材料		50,000	借	44,000	
9	30		本月合计	200,000	156,000	借	44,000	√
10	5	5	向朋友借款	50,000		借	94,000	√
10	6	6	付房租		80,000	借	14,000	√

表 3—23 管理费用总账

2017 年		凭证编号	摘要	借方	贷方	借或贷	余额	记账 √
月	日							
9	10	2	支付公司注册费	6,000		借	6,000	√
			结转损益	略	略	略	略	
9	30		本月合计	略	略	略	略	
10	6	6	付房租	80,000		借	80,000	√

7. 好友服装有限公司为益达食品厂加工了一批工作服取得销售收入为 21,600 元，成本为 18,000 元，根据模块一任务 3 所编制的记账凭证应在账簿中进行登记，见表 3—24 ~表 3—28。

表 3—24 主营业务收入总账

2017 年		凭证编号	摘要	借方	贷方	借或贷	余额	记账 √
月	日							
10	16	7	销售服装		21,600	贷	21,600	√

表 3—25　　应交税费总账

2017年		凭证编号	摘要	借方	贷方	借或贷	余额	记账√
月	日							
10	16	7	销售服装		648	贷	648	√

表 3—26　　银行存款总账

2017年		凭证编号	摘要	借方	贷方	借或贷	余额	记账√
月	日							
9	8	1	收到注册资金	200,000		借	200,000	√
9	10	2	支付公司注册费		6,000	借	194,000	√
9	18	3	购置设备		100,000	借	94,000	√
9	30	4	购置原材料		50,000	借	44,000	√
9	30		本月合计	200,000	156,000	借	44,000	
10	5	5	向朋友借款	50,000		借	94,000	√
10	6	6	付房租		80,000	借	14,000	√
10	16	7	销售服装	22,248		借	36,248	√

表 3—27　　库存商品总账

2017年		凭证编号	摘要	借方	贷方	借或贷	余额	记账√
月	日							
略	略	略	略	略	略	略	略	
10	16	8	结转已销产品成本		18,000	略	略	√

表 3—28　　主营业务成本总账

2017年		凭证编号	摘要	借方	贷方	借或贷	余额	记账√
月	日							
10	16	8	结转已销产品成本	18,000		借	18,000	√

8. 服装设计费收入 2,800 元，根据模块一任务 3 所编制的记账凭证应在账簿中进行登记，见表 3—29、表 3—30。

表 3—29 **其他业务收入总账**

2017年		凭证编号	摘要	借方	贷方	借或贷	余额	记账 √
月	日							
10	22	9	收设计费		2,800	贷	2,800	√

表 3—30 **银行存款总账**

2017年		凭证编号	摘要	借方	贷方	借或贷	余额	记账 √
月	日							
9	8	1	收到注册资金	200,000		借	200,000	√
9	10	2	支付公司注册费		6,000	借	194,000	√
9	18	3	购置设备		100,000	借	94,000	√
9	30	4	购置原材料		50,000	借	44,000	√
9	30		本月合计	200,000	156,000	借	44,000	√
10	5	5	向朋友借款	50,000		借	94,000	√
10	6	6	付房租		80,000	借	14,000	√
10	16	7	销售服装	22,248		借	36,248	√
10	22	9	收到设计费	2,884		借	39,132	√

9. 公司自行设计并加工服装 300 套，成本为 31,500 元，获得销售收入 37,800 元。根据模块一任务 3 所编制的记账凭证应在账簿中进行登记，见表 3—31～表 3—35。

表 3—31 **主营业务收入总账**

2017年		凭证编号	摘要	借方	贷方	借或贷	余额	记账 √
月	日							
10	16	7	销售服装		21,600	贷	21,600	√
10	29	10	销售服装		37,800	贷	59,400	√

表 3—32 **主营业务成本总账**

2017年		凭证编号	摘要	借方	贷方	借或贷	余额	记账 √
月	日							
10	16	8	结转已销产品成本	18,000		借	18,000	√
10	29	11	结转已销产品成本	31,500		借	49,500	√

表 3—33　　应交税费总账

2017 年		凭证编号	摘要	借方	贷方	借或贷	余额	记账√
月	日							
10	16	7	销售服装		648	贷	648	√
10	22	9	收到设计费		84	贷	732	√
10	29	10	销售服装		1,134	贷	1,866	√

表 3—34　　银行存款总账

2017 年		凭证编号	摘要	借方	贷方	借或贷	余额	记账√
月	日							
9	8	1	收到注册资金	200,000		借	200,000	√
9	10	2	支付公司注册费		6,000	借	194,000	√
9	18	3	购置设备		100,000	借	94,000	√
9	30	4	购置原材料		50,000	借	44,000	√
9	30		本月合计	200,000	156,000	借	44,000	
10	5	5	向朋友借款	50,000		借	94,000	√
10	6	6	付房租		80,000	借	14,000	√
10	16	7	销售服装	22,248		借	36,248	√
10	22	9	收到设计费	2,884		借	39,132	√
10	29	10	销售服装	38,934		借	78,066	√

表 3—35　　库存商品总账

2017 年		凭证编号	摘要	借方	贷方	借或贷	余额	记账√
月	日							
略	略	略	略	略	略	略	略	
10	16	8	结转已销产品成本		18,000	略	略	√
10	29	11	结转已销产品成本		31,500	略	略	√

思考题

1. 在进行账务处理时，红色墨水限定在哪些范围内使用？
2. 哪些账户应随时结余额？
3. 总账可以用活页账吗？总账的格式能用数量金额式、多栏式吗？

任务 2 错账更正

知识目标

- 错账更正的方法
- 每种错账更正方法的适用范围

能力目标

- 能够选择适当的方法进行错账更正

任务引入

唐伟根据记账凭证登记账簿时，出现了如下的错误：

1. 登记主营业务成本总账时，误将 18,000 元写成了 1,800 元，见表 3—36。

表 3—36 **主营业务成本总账**

2017 年 月	2017 年 日	凭证编号	摘要	借方	贷方	借或贷	余额	记账 √
10	16	8	结转已销产品成本	1,800		借	1,800	√

2. 向朋友借款 50,000 元，唐伟填制了如下的记账凭证，并据此登记了账簿，见表 3—37～表 3—39。

表 3—37 **记账凭证**

2017 年 10 月 5 日　　第 5 号

摘要	总账科目	明细科目	借方金额									贷方金额									记账 √
			百	十	万	千	百	十	元	角	分	百	十	万	千	百	十	元	角	分	
向朋友借贷	银行存款					5	0	0	0	0	0										√
	短期借款	王明													5	0	0	0	0	0	√
附件 张	合 计				¥	5	0	0	0	0	0			¥	5	0	0	0	0	0	√

会计主管：×× 会计：×× 记账：×× 审核：×× 制单：××

表 3—38　　短期借款总账

2017年 月	日	凭证编号	摘要	借方	贷方	借或贷	余额	记账√
10	5	5	向朋友借款		50,000	贷	50,000	√

表 3—39　　银行存款总账

2017年 月	日	凭证编号	摘要	借方	贷方	借或贷	余额	记账√
9	8	1	收到注册资金	200,000		借	200,000	√
9	10	2	支付公司注册费		6,000	借	194,000	√
9	18	3	购置设备		100,000	借	94,000	√
9	30	4	购置原材料		50,000	借	44,000	√
9	30		本月合计	200,000	156,000	借	44,000	
10	5	5	向朋友借款	50,000		借	94,000	√

3. 支付房屋租赁费 80,000 元，唐伟填制了记账凭证，并据此登记了账簿，见表 3—40～表 3—42。

表 3—40　　记账凭证

2017 年 10 月 6 日　　第 6 号

摘要	总账科目	明细科目	借方金额 百	十	万	千	百	十	元	角	分	贷方金额 百	十	万	千	百	十	元	角	分	记账√
付房租	管理费用				8	0	0	0	0	0	0										√
	银行存款													8	0	0	0	0	0	0	√
附件　张	合　计			¥	8	0	0	0	0	0	0		¥	8	0	0	0	0	0	0	

会计主管：××　会计：××　记账：××　审核：××　制单：××

表 3—41　　管理费用总账

2017年 月	日	凭证编号	摘要	借方	贷方	借或贷	余额	记账√
10	6	6	付房租	80,000		借	80,000	√

表 3—42 银行存款总账

2017年		凭证编号	摘要	借方	贷方	借或贷	余额	记账 √
月	日							
9	8	1	收到注册资金	200,000		借	200,000	√
9	10	2	支付公司注册费		6,000	借	194,000	√
9	18	3	购置设备		100,000	借	94,000	√
9	30	4	购置原材料		50,000	借	44,000	√
9	30		本月合计	200,000	156,000	借	44,000	
10	5	5	向朋友借款	50,000		借	94,000	√
10	6	6	付房租		80,000	借	14,000	√

唐伟知道，账簿中不允许涂改、刮擦、挖补或用褪色药水更改字迹，如有错误应按规定的错账更正方法更正。那么，对于这样的错误，唐伟该如何进行更正呢？在唐伟的账簿中还有问题，你发现了吗？

任务分析

在账簿的登记过程中，由于各种原因，难免发生记账错误，会计上称之为错账。会计制度规定错账应采用错账更正方法进行更正，不得涂改、刮擦、挖补或用褪色药水来更正。唐伟要更正上述错账，应系统学习错账更正方法。同时，在登记账簿的过程中，当一个月的经济业务结束时，要先对账，然后结账。在唐伟的账簿中，没有结账。

相关知识

一、错账更正

在记账过程中，如发生错误，应根据错误的性质采用适当的方法进行更正，不得任意涂改。产生记账错误的原因很多，出现的记账错误也各不相同，对于不同的记账错误，更正方法也不相同。常见的错账更正方法有划线更正法、红字更正法、补充登记法三种。

1. 划线更正法

划线更正法适用于记账凭证正确，在记账或结账过程中发现只是账簿记录中文字或数字有错误，应采用划线更正法。更正时，先在错误的文字或数字（整个数字）用红线注销，但划线后必须使原来的字迹仍可辨认，然后在错误的文字或数字上方空白处用蓝字填写正确的文字或数字，并由记账人员在更正处盖章以示负责。

需要特别强调的是，对于文字错误，可只划去错误的字并进行更正；对错误的数字，则必须全部划线注销，不能只改个别数字。如将 6,900 错写成 9,600，应将 9,600 整个数字全部用红线划去，再在红线上面空白处用蓝字写 6,900，予以更正，不能只更正其中的 69。

如果将正确的数字误认为是错误的加以更正了，这时如经检查发现，就应将错误划销，用红笔在正确的数字两旁各画“△”表示正确，并在错误处盖章。

2. 红字更正法

红字更正法适用于以下两种情况：

一是记账以后，发现记账凭证中应借应贷符号、科目有错误时，可采用红字更正法更正。更正时，先用红字金额填制一张内容与错误记账凭证完全相同的记账凭证，并在摘要栏中写明“冲销×月×日错账”，并据此用红字金额登记入账，冲销原有的错误记录；然后，再用蓝字重填一张正确的记账凭证，在“摘要”栏注明“补记×月×日错账”字样，并据此登记入账。

【例 3—3】 车间用现金购买办公用品 200 元，在填制记账凭证时，总账科目出现错误，将应记为“制造费用”的科目记成了“管理费用”，见表 3—43。

表 3—43

记账凭证

××××年×月×日　　　　第 1 号

摘要	总账科目	明细科目	借方金额									贷方金额									记账
			百	十	万	千	百	十	元	角	分	百	十	万	千	百	十	元	角	分	√
购买办公用品	管理费用						2	0	0	0	0										√
	库存现金															2	0	0	0	0	√
附件　张	合　计					¥	2	0	0	0	0				¥	2	0	0	0	0	

会计主管：××　会计：××　记账：××　审核：××　制单：××

上述错误凭证已记入账簿，事后发现可先用红字金额填制一张会计分录与错误记账相同的记账凭证，并在摘要栏内注明“冲销×月×日错账”，见表 3—44。（红字加下划线来表示，下同）

表 3—44 **记账凭证**

××××年×月×日 第 2 号

摘要	总账科目	明细科目	借方金额									贷方金额									记账
			百	十	万	千	百	十	元	角	分	百	十	万	千	百	十	元	角	分	√
冲销×月×日错账	管理费用					-	2	0	0	0	0										√
	库存现金														-	2	0	0	0	0	√
附件 张	合 计				¥	-	2	0	0	0	0			¥	-	2	0	0	0	0	

会计主管：×× 会计：×× 记账：×× 审核：×× 制单：××

注：此凭证金额前加"-"代表红字。

然后用蓝字金额编制正确的记账凭证，见表 3—45。

表 3—45 **记账凭证**

××××年×月×日 第 3 号

摘要	总账科目	明细科目	借方金额									贷方金额									记账
			百	十	万	千	百	十	元	角	分	百	十	万	千	百	十	元	角	分	√
补记×月×日错账	制造费用						2	0	0	0	0										√
	库存现金															2	0	0	0	0	√
附件 张	合 计					¥	2	0	0	0	0				¥	2	0	0	0	0	

会计主管：×× 会计：×× 记账：×× 审核：×× 制单：××

最后，将两张凭证记入账簿，见表 3—46、表 3—47。

表 3—46 **管理费用总账**

××××年		凭证编号	摘要	借方	贷方	借或贷	余额	记账
月	日							√
略	略	1	购买办公用品	200		借	200	√
略	略	2	冲销×月×日错账	-200		平	0	√

表 3—47 **制造费用明细账**

××××年		凭证号数	摘要	借方项目					贷方	借或贷	余额
月	日			工资	折旧费	办公费	其他	合计			
略	略	3	补记×月×日错账			200				借	200

二是记账以后发现记账凭证中应借、应贷的账户没有错，只是所填金额大于应填金额，可将多填的金额部分填制一张红字金额记账凭证，在"金额"栏中填列多记的数额，

在“摘要”栏内注明“冲第×号凭证多记数”，并据此入账，以冲销原来多记的金额。

【例 3—4】 在上例中，若错误地编制了记账凭证，将金额 200 元填写为 500 元，见表 3—48。

表 3—48　　**记账凭证**

××××年×月×日　　第 1 号

摘要	总账科目	明细科目	借方金额									贷方金额									记账
			百	十	万	千	百	十	元	角	分	百	十	万	千	百	十	元	角	分	✓
购买办公用品	制造费用						5	0	0	0	0										✓
	库存现金															5	0	0	0	0	✓
附件 张	合 计					¥	5	0	0	0	0				¥	5	0	0	0	0	

会计主管：××　　会计：××　　记账：××　　审核：××　　制单：××

更正如下，见表 3—49~表 3—51。

表 3—49　　**记账凭证**

××××年×月×日　　第 2 号

摘要	总账科目	明细科目	借方金额									贷方金额									记账
			百	十	万	千	百	十	元	角	分	百	十	万	千	百	十	元	角	分	✓
冲第 1 号凭证多记数	制造费用					-	3	0	0	0	0										✓
	库存现金														-	3	0	0	0	0	✓
附件 张	合 计				¥	-	3	0	0	0	0			¥	-	3	0	0	0	0	

会计主管：××　　会计：××　　记账：××　　审核：××　　制单：××

表 3—50　　**制造费用明细账**

××××年		凭证号数	摘要	借方项目					贷方	借或贷	余额
月	日			工资	折旧费	办公费	其他	合计			
略	略	1	购买办公用品			500				借	500
略	略	2	冲第 1 号凭证多记数			300				借	200

表 3—51　　**库存现金总账**

××××年		凭证编号	摘要	借方	贷方	借或贷	余额	记账 ✓
月	日							
略	略		期初余额	2,000		借	2,000	✓
略	略	1	购买办公用品		500	借	1,500	✓
略	略	2	冲第 1 号凭证多记数		-300	借	1,800	✓

3. 补充登记法

记账以后，发现记账凭证上应借、应贷的会计科目正确，但所填金额小于正确金额，可采用补充登记法更正。更正时，将少填的金额（即正确金额与错误金额之间的差额）用蓝字填制一张记账凭证，在摘要栏内注明“补记第×号凭证少记数”，并据此登记入账，这样便将少记的金额补充登记入账簿。

【例 3—5】 在上例中，如填制记账凭证时将 200 元误记为 20 元，见表 3—52。

表 3—52 记账凭证

××××年×月×日 第 1 号

摘要	总账科目	明细科目	借方金额									贷方金额									记账√
			百	十	万	千	百	十	元	角	分	百	十	万	千	百	十	元	角	分	
购买办公用品	制造费用							2	0	0	0										√
	库存现金																2	0	0	0	√
附件 张	合 计						¥	2	0	0	0					¥	2	0	0	0	

会计主管：×× 会计：×× 记账：×× 审核：×× 制单：××

用蓝字记账凭证更正如下，见表 3—53～表 3—55。

表 3—53 记账凭证

日期：××××年×月×日 第 2 号

摘要	总账科目	明细科目	借方金额									贷方金额									记账√
			百	十	万	千	百	十	元	角	分	百	十	万	千	百	十	元	角	分	
补记第 1 号凭证少记数	制造费用						1	8	0	0	0										√
	库存现金															1	8	0	0	0	√
附件 张	合 计					¥	1	8	0	0	0				¥	1	8	0	0	0	

会计主管：×× 会计：×× 记账：×× 审核：×× 制单：××

表 3—54 库存现金总账

××××年		凭证编号	摘要	借方	贷方	借或贷	余额	记账√
月	日							
略	略	1	购买办公用品		20	略	略	√
略	略	2	补记第 1 号凭证少记数		180	略	略	√

表 3—55　　制造费用明细账

××××年		凭证号数	摘要	借方项目					贷方	借或贷	余额
月	日			工资	折旧费	办公费	其他	合计			
略	略	1	购买办公用品			20				借	20
略	略	2	补记第1号凭证少记数			180				借	200

红字更正法和补充登记法都是用来更正因记账错误而产生的记账差错。如果记账凭证无错，只是登记入账时发生误记，这种非因记账凭证的差错，不能用红字更正法和补充登记法更正，而应用划线更正法进行更正。

二、对账和结账

1. 对账

对账即核对账目，包括账证核对、账账核对、账实核对。

（1）账证核对

账证核对就是检查原始凭证、记账凭证与账簿记录的会计科目、金额、借贷方等项目是否相符。这种核对除在日常制单、记账过程中进行以外，每月终了，如果发现账证不符，应当追本溯源，进行账簿与会计凭证的检查核对，以确保账证相符。

（2）账账核对

即各种账簿之间的有关数字核对相符，应每月月末进行一次。核对的内容包括：

1）库存现金日记账、银行存款日记账与库存现金、银行存款总账的相应数字核对相符。

2）总账的全部账户的本期借方、贷方发生额合计数相等，这种核对可通过编制总分类账户试算平衡表进行。

3）总账各账户的本期发生额和期末余额与所属明细分类账户相应数字核对相符，这种核对可通过编制明细分类账户试算平衡表进行。

4）会计部门的各项财产物资明细账与物资保管部门或使用部门的明细账的期末结存数核对相符。

（3）账实核对

账实核对就是将企业财产物资的账面结存数与实际结存数进行核对。一般在年终财产清查时进行核对，平时也可以通过盘点进行核对。对不同的财产物资应采用不同的核对方法。库存现金、存货、固定资产等可以采用实地盘点方法清查其实际结存数量，与账面上结存的数量相核对，看是否一致。银行存款则需要通过编制银行存款余额调节表进行核对。债权、债务可通过函询等方法进行核对。

2. 结账

结账是指在一定时期（月、季、年）内将所发生的经济业务全部登记入账的基础上，结算各种账簿的本期发生额和期末发生额，为编制会计报表提供资料。在账簿结账前应保证在月份内发生的应该记入当月账内的各项经济业务都已入账，并已对账完毕。结账工作程序和方法如下：

（1）月末结账

月末结账时，要根据不同的账户记录采用不同的方法。

对不需要按月结计本期发生额的账户，如各项应收应付款账户的明细账和其他各项资产、负债账户的明细账等，都要随时结出余额，每月最后一笔金额即为月末余额。月末余额结在本月最后一笔经济业务记录的同一行余额栏内，并在此余额下画一条通栏红线。

库存现金日记账、银行存款日记账和其他需要按月结计发生额的明细账户，如各种成本、费用、收入明细账等，每月结账时，要在本月最后一笔经济业务记录下面画一条通栏红线，另起一行，在摘要栏内注明“本月合计”字样，并结出本月发生额和期末余额。具体格式见表3—56。

表3—56　　　　银行存款日记账

2017年		凭证编号	摘要	借方	贷方	借或贷	余额	记账√
月	日							
9	8	1	收到注册资金	200,000		借	200,000	√
9	10	2	支付公司注册费		6,000	借	194,000	√
9	18	3	购置设备		100,000	借	94,000	√
9	30	4	购置原材料		50,000	借	44,000	√
9	30		本月合计	200,000	156,000	借	44,000	

需要结出本年累计发生额的明细账户，如主营业务收入、在建工程明细账等，每月结账时，应在本月合计行下面结出自年初起至本月末的累计发生额，登记在月份发生额下面，在摘要栏内注明“本年累计”字样，并在下面画一条通栏红线。12月末的本年累计就是全年累计发生额，全年累计发生额下画双红线。

总账账户平时只需结计月末余额。年终结账时，为了反映全年各项资产、负债及所有者权益增减变动的全貌，便于核对账目，要将所有总账账户结计全年发生额和年末余额，在摘要栏内注明“本年合计”字样，并在合计数下画双红线。

（2）年末结账

年度终了，应把有余额账户的余额结转下来，具体做法为：在年末账户余额的下一行摘要栏内注明“结转下年”字样，将以下的空行用斜红线划去，盖上记账人员印章。在下一会计年度新建有关会计账簿的第一余额栏内填写上年结转的余额，并在摘要栏注明“上年结转”字样。

任务实施

1. 唐伟登记主营业务成本总账时，误将18,000元写成了1,800元，但凭证没有错误，这种只是账簿记录中文字或数字有错误，应采用划线更正法。更正如下，见表3—57。

表3—57　　　　**主营业务成本总账**

2017年		凭证编号	摘要	借方	贷方	借或贷	余额	记账 √
月	日							
10	16	8	结转已销产品成本	18,000 ~~1,800~~ 唐伟		借	18,000 ~~1,800~~ 唐伟	√

2. 向朋友借款50,000元，唐伟填制了错误的记账凭证，并据此登记了账簿，这种错误应采用红字更正法，更正如下，见表3—58~表3—63。

表3—58　　　　**记账凭证**

2017年10月7日　　　　第 7 号

摘要	总账科目	明细科目	借方金额									贷方金额									记账 √
			百	十	万	千	百	十	元	角	分	百	十	万	千	百	十	元	角	分	
冲销10月5日错账	银行存款			－	5	0	0	0	0	0	0										√
	短期借款	王明											－	5	0	0	0	0	0	0	√
附件　张	合　计		¥	－	5	0	0	0	0	0	0	¥	－	5	0	0	0	0	0	0	

会计主管：××　会计：××　记账：××　审核：××　制单：××

表3—59　　　　**短期借款总账**

2017年		凭证编号	摘要	借方	贷方	借或贷	余额	记账 √
月	日							
10	5	5	向朋友借款		50,000	贷	50,000	√
10	7	7	冲销10月5日错账		50,000	平	0	√

表 3—60

银行存款总账

2017 年		凭证编号	摘要	借方	贷方	借或贷	余额	记账√
月	日							
9	8	1	收到注册资金	200,000		借	200,000	√
9	10	2	支付公司注册费		6,000	借	194,000	√
9	18	3	购置设备		100,000	借	94,000	√
9	30	4	购置原材料		50,000	借	44,000	√
9	30		本月合计	200,000	156,000	借	44,000	
10	5	5	向朋友借款	50,000		借	94,000	√
10	7	7	冲销 10 月 5 日错账	-50,000		借	44,000	√

表 3—61

记账凭证

2017 年 10 月 7 日　　　　第 8 号

摘要	总账科目	明细科目	借方金额									贷方金额									记账√
			百	十	万	千	百	十	元	角	分	百	十	万	千	百	十	元	角	分	
补记 10 月 5 日错账	银行存款				5	0	0	0	0	0	0										√
	应付账款	王明												5	0	0	0	0	0	0	√
附件 张	合 计			¥	5	0	0	0	0	0	0		¥	5	0	0	0	0	0	0	

会计主管：×× 会计：×× 记账：×× 审核：×× 制单：××

表 3—62

银行存款总账

2017 年		凭证编号	摘要	借方	贷方	借或贷	余额	记账√
月	日							
9	8	1	收到注册资金	200,000		借	200,000	√
9	10	2	支付公司注册费		6,000	借	194,000	√
9	18	3	购置设备		100,000	借	94,000	√
9	30	4	购置原材料		50,000	借	44,000	√
9	30		本月合计	200,000	156,000	借	44,000	
10	5	5	向朋友借款	50,000		借	94,000	√
10	7	7	冲销 10 月 5 日错账	-50,000		借	44,000	√
10	7	8	补记 10 月 5 日错账	50,000		借	94,000	√

表 3—63 **应付账款总账**

2017年月	日	凭证编号	摘要	借方	贷方	借或贷	余额	记账√
10	7	8	补记10月5日错账		50,000	贷	50,000	√

3. 支付房屋租赁费80,000元，唐伟填制了错误的记账凭证，并据此登记了账簿。由于金额小于实际金额，应采用补充登记法，更正如下，见表3—64~表3—66。

表 3—64 **记账凭证**

2017年10月7日 第 9 号

摘要	总账科目	明细科目	借方金额									贷方金额									记账√
			百	十	万	千	百	十	元	角	分	百	十	万	千	百	十	元	角	分	
补记第6号凭证少记数	管理费用				7	2	0	0	0	0	0										√
	银行存款													7	2	0	0	0	0	0	√
附件 张	合	计		¥	7	2	0	0	0	0	0		¥	7	2	0	0	0	0	0	

会计主管：×× 会计：×× 记账：×× 审核：×× 制单：××

表 3—65 **管理费用总账**

2017年月	日	凭证编号	摘要	借方	贷方	借或贷	余额	记账√
10	6	6	付房租	8,000		借	8,000	√
10	7	9	补记第6号凭证少记数	72,000		借	80,000	√

表 3—66 **银行存款总账**

2017年月	日	凭证编号	摘要	借方	贷方	借或贷	余额	记账√
9	8	1	收到注册资金	200,000		借	200,000	√
9	10	2	支付公司注册费		6,000	借	194,000	√
9	18	3	购置设备		100,000	借	94,000	√
9	30	4	购置原材料		50,000	借	44,000	√
			本月合计	200,000	156,000	借	44,000	

续表

2017年		凭证编号	摘要	借方	贷方	借或贷	余额	记账
月	日							√
10	5	5	向朋友借款	50,000		借	94,000	√
10	6	6	付房租		8,000	借	86,000	√
10	7	9	补记第6号凭证少记数		72,000	借	14,000	√

思考题

1. 当记账凭证没有错误，只是账簿登记错误，只能采用划线更正法吗？当用活页账格式时，如果只是账簿登记的错误也一定要用划线更正法吗？

2. 张会计在记账时，错把管理费用的金额记入了销售费用，张会计认为这没关系，因为管理费用和销售费用都是期间费用，记入哪个账户都没关系，这样做正确吗？

3. 年终结账时对有余额的账户，要将其余额结转下年度，但不能将旧账的余额转变为零，为什么？

4. 没有余额的账户，应当在“借或贷”等栏内写“平”字，并在余额栏内用“0”表示，那么“0”应写在余额栏的哪个位置？

5. 结账时，有时画单红线，有时画双红线，那么什么时候画单红线，什么时候又画双红线呢？

模块三实训

通过模块三的学习，完成如下实训题目。

实训一

练习日记账的登记方法。

资料：

1. 新生公司2017年1月28日库存现金日记账和银行存款日记账的累计发生额和余额资料如下，见表3—67、表3—68。

表3—67 **库存现金日记账** 第　　页

2017年		凭证号数	摘要	对方科目	收入							支出							结存						
月	日				万	千	百	十	元	角	分	万	千	百	十	元	角	分	万	千	百	十	元	角	分
1	28		本月累计		8	6	2	0	0	0	0	8	0	0	0	0	0	0		6	2	0	0	0	0

表 3—68　　银行存款日记账　　第　页

2017 年		凭证号数	摘要	结算凭证		对方科目	借 方	贷 方	余 额
月	日			种类	号数				
1	28		本月累计				685,000.00	600,000.00	85,000.00

2. 新生公司 2017 年 1 月 29 日—31 日发生业务如下：

（1）29 日，会计取得借款借据（代收账通知）。业务内容：向银行借款 50,000 元，存入银行存款户，期限 3 个月，利率 12%。

（2）29 日，会计取得转账支票存根和增值税专用发票（发票联）。业务内容：购进 A 材料 6,000 元，增值税率 17%。

（3）29 日，会计取得现金支票存根。业务内容：从银行提取现金 2,000 元。

（4）29 日，会计取得普通发票（发票联）。业务内容：以现金 150 元购进一批办公用品直接交付使用。

（5）30 日，会计取得进账单和增值税专用发票（发票联）。业务内容：销售一批产品收入 80,000 元，增值税率 17%。

（6）30 日，会计取得普通发票（记账联）。业务内容：销售一批废旧材料，收入现金 1,300 元。

（7）30 日，会计取得现金交款单（回单联）。业务内容：将现金 1,300 元存入银行。

（8）30 日，会计取得借款借据。业务内容：李明出差向财务部借取现金 800 元。

（9）30 日，会计取得差旅费报销单。业务内容：王志新报销差旅费 1,400 元，交回多余现金 100 元。

（10）31 日，会计取得转账支票存根。业务内容：以银行存款 60,000 元归还到期的银行短期借款。

（11）31 日，会计取得现金支票存根。业务内容：从银行提取现金 8,000 元。

（12）31 日，会计取得工资结算单。业务内容：以现金发放工资 10,000 元。

（13）31 日，会计取得信汇回单。业务内容：归还上月欠购货款 2,000 元。

（14）31 日，会计取得托收承付收账通知。业务内容：收到上月东风工厂所欠销货款 30,000 元。

要求：

1. 根据资料填制收款凭证和付款凭证。

2. 登记库存现金日记账和银行存款日记账并结出每日发生额、余额及本月发生额和余额。

实训二

练习数量金额式明细账的登记方法。

资料：

1. 新民化工厂2017年1月1日“原材料”账户期初余额为390,000元。其中：甲材料4,000千克，每千克60元，计240,000元；乙材料5,000千克，每千克30元，计150,000元。

2. 新民化工厂2017年1月发生的部分经济业务如下：

（1）5日，会计收到“入库单”。业务内容：甲材料6,000千克，每千克65元；乙材料5,000千克，每千克28元。

（2）8日，会计收到“领料单”。业务内容：生产A产品，领用甲材料9,000千克，乙材料7,000千克。

（3）20日，会计收到“入库单”。业务内容：甲材料1,000千克，每千克64元；乙材料2,000千克，每千克32元。

（4）25日，会计收到“领料单”。业务内容：生产A产品，领用甲材料1,200千克，乙材料4,000千克。

要求：

1. 根据资料1开设“原材料”总账账户和“原材料——甲材料”“原材料——乙材料”明细账户。

2. 根据资料2编制转账凭证，并登记开设的总账账户与明细账户。

3. 结计出所开账户的本期发生额及期末余额并进行账账核对。

实训三

练习多栏式明细账的登记方法。

资料：

辽阳化工厂2017年1月发生的部分经济业务如下：

1. 4日，仓库发出甲材料1,500千克，其中：车间一般消耗500千克，厂部一般耗用1,000千克。甲材料每千克60元。

2. 8日，以银行存款支付固定资产修理费1,886.66元。其中：车间固定资产修理费1,000元，行政管理部门固定资产修理费886.66元。

3. 10日，以现金支付购买办公用品费用812.80元，其中：车间领用价值312.80元的办公用品，行政管理部门领用价值500元的办公用品。

4. 20日，仓库发出乙材料2,000千克，其中：车间一般耗用1,200千克，行政管理部门一般耗用800千克。乙材料每千克30元。

5. 25日，以银行存款支付电话费898.88元，其中：车间办公用300元，行政管理部门办公用598.88元。

6. 31日，计提本月固定资产折旧3,000元，其中：车间固定资产折旧2,000元，行政管理部门固定资产折旧1,000元。

7. 31日，分配本月车间管理人员工资1,230元，行政管理部门人员工资2,678元。

8. 31 日，按生产工时（A 产品生产工时 7,000 小时，B 产品生产工时 3,000 小时）的比例分配结转本月制造费用。

9. 31 日，将本月发生的管理费用转入“本年利润”账户。

要求：

1. 根据资料填制记账凭证。

2. 开设“管理费用”和“制造费用”明细账户（多栏式），见表 3—69、表 3—70，并根据填制的记账凭证进行登记。

表 3—69　　**管理费用明细分类账**

明细项目：________　子目________　　第　　页

××××年		凭证号数	摘要	借　方							
月	日										合计

表 3—70　　**制造费用明细分类账**

明细项目：×车间　子目________　　第　　页

××××年		凭证号数	摘要	借　方							贷方	余额
月	日									合计		

3. 结计“制造费用”“管理费用”明细账户的本期发生额及期末余额。

实训四

羽飞有限责任公司总经理钱刚撤换了原财务部经理，并任命李亮为财务部新经理。李亮上任后，根据工作需要，调整了财务部人员的工作分工，并聘任王晋君作为新出纳。2017 年 4 月 1 日，原出纳裴红将自己的办公桌及保险柜的钥匙交给王晋君，王晋君开始工作。由于第一次从事出纳工作，王晋君感觉手忙脚乱。李亮看王晋君业务不熟练，就让她把库存现金日记账拿来看。李亮打开日记账的扉页（见表3—71）及日记账的登记内容（见表3—72），发现存在错误，要求王晋君更正。请你检查一下王晋君的日记账哪里出错了呢？

表3—71　　账簿启用及交接登记表

<table>
<tr><td>账簿名称</td><td>现金日记账</td><td>编　号</td><td>001</td><td>企业名称</td><td>羽飞有限责任公司</td></tr>
<tr><td>起讫日期</td><td>2017年1月1日</td><td>验印日期</td><td></td><td rowspan="4">企业盖章</td><td rowspan="4">羽飞有限责任公司 财务专用章</td></tr>
<tr><td>账簿册数</td><td colspan="3">共　1　册第　1　册</td></tr>
<tr><td>账簿页数</td><td colspan="3">自　壹　页至　壹佰　页共　100　页</td></tr>
<tr><td>会计主管</td><td></td><td>记账员</td><td></td></tr>
</table>

交接记录

移交日期	移交人	接管日期	接管人	监交人

审核记录

<table>
<tr><td rowspan="3">审核人</td><td>职务</td><td></td><td rowspan="3">审核时间</td><td rowspan="3">起讫</td><td rowspan="3"></td></tr>
<tr><td>姓名</td><td></td></tr>
<tr><td>签章</td><td></td></tr>
<tr><td>税务局盖章</td><td colspan="2"></td><td></td><td>贴印花处</td><td></td></tr>
</table>

表3—72　　库存现金日记账

××××年 月	日	凭证号数	摘要	对方科目	收入	支出	余额
4	1		期初余额				5,000
	1	现付1	报销差旅费	管理费用		2,500	2,500
	1	现收1	销售A产品	主营业务收入	8,000		10,500
	1	现付2	付广告费	管理费用		3,000	7,500
	1	现收2	销售边角料	主营业务收入	5,000		12,500

实训五

练习错账更正方法。

资料：

1. 辽阳钢铁厂 2017 年 2 月发生的部分经济业务如下：

（1）9 日，销售多余材料收到现金 1,170 元，其中：价款 1,000 元，增值税 170 元。填制的记账凭证见表 3—73。

表 3—73

记账凭证

2017 年 2 月 9 日　　　　第　001　号

摘　要	总账科目	明细科目	借方金额									贷方金额									记账√
			百	十	万	千	百	十	元	角	分	百	十	万	千	百	十	元	角	分	
销售余料	库存现金					1	1	7	0	0	0										√
	主营业务收入														1	0	0	0	0	0	√
	应交税费	应交增值税														1	7	0	0	0	√
附件　张	合　计				¥	1	1	7	0	0	0			¥	1	1	7	0	0	0	

会计主管：××　会计：××　记账：××　审核：××　制单：××

（2）12 日，以银行存款归还欠红星厂的货款 98,000 元，记账凭证见表 3—74。

表 3—74

记账凭证

2017 年 2 月 12 日　　　　第　002　号

摘　要	总账科目	明细科目	借方金额									贷方金额									记账√
			百	十	万	千	百	十	元	角	分	百	十	万	千	百	十	元	角	分	
偿还前欠货款	应付账款	红星厂			9	8	0	0	0	0	0										√
	银行存款													9	8	0	0	0	0	0	√
附件　张	合　计			¥	9	8	0	0	0	0	0		¥	9	8	0	0	0	0	0	

会计主管：××　会计：××　记账：××　审核：××　制单：××

（3）16 日，收到兴华厂归还的货款 64,500 元，记账凭证见表 3—75。

表 3—75

记账凭证

2017 年 2 月 16 日　　　　第 003 号

摘　要	总账科目	明细科目	借方金额									贷方金额									记账
			百	十	万	千	百	十	元	角	分	百	十	万	千	百	十	元	角	分	√
收回前欠货款	银行存款				6	4	5	0	0	0	0										√
	应收账款	兴华厂												6	4	5	0	0	0	0	√
附件　张	合　计			¥	6	4	5	0	0	0	0		¥	6	4	5	0	0	0	0	

会计主管：×× 　会计：×× 　记账：×× 　审核：×× 　制单：××

（4）20 日，从银行提取现金 6,000 元，记账凭证见表 3—76。

表 3—76

记账凭证

2017 年 2 月 20 日　　　　第 004 号

摘　要	总账科目	明细科目	借方金额									贷方金额									记账
			百	十	万	千	百	十	元	角	分	百	十	万	千	百	十	元	角	分	√
提现	库存现金					6	0	0	0	0	0										√
	银行存款														6	0	0	0	0	0	√
附件　张	合　计				¥	6	0	0	0	0	0			¥	6	0	0	0	0	0	

会计主管：×× 　会计：×× 　记账：×× 　审核：×× 　制单：××

（5）25 日，以现金支付甲材料的运输费 568 元，记账凭证见表 3—77。

表 3—77

记账凭证

2017 年 2 月 20 日　　　　第 005 号

摘　要	总账科目	明细科目	借方金额									贷方金额									记账
			百	十	万	千	百	十	元	角	分	百	十	万	千	百	十	元	角	分	√
付运费	材料采购						5	6	8	0	0										√
	库存现金															5	6	8	0	0	√
附件　张	合　计					¥	5	6	8	0	0				¥	5	6	8	0	0	

会计主管：×× 　会计：×× 　记账：×× 　审核：×× 　制单：××

2. 辽阳钢铁厂已根据上述记账凭证登记了相关账户。第1~4笔经济业务完全按照会计分录的账户名称、借贷金额登记入账，第5笔经济业务在登记“库存现金”账户时，在贷方把“568.00”登记为“586.00”。

要求：审核辽阳钢铁厂的上述5笔经济业务从填制记账凭证到登记会计账簿是否有错误，如果有错误，采用适当的错账更正方法予以更正。

实训六

综合实训：总账、明细账和日记账的登记方法和对账、结账方法。

资料：

辽阳铝制品厂2017年12月份的有关资料如下：

1. 12月1日，总分类账户期初余额资料见表3—78。

表3—78　　总分类账户信息　　单位：元

账户名称	借方余额	账户名称	贷方余额
现金	3,000	短期借款	180,000
银行存款	139,500	应付账款	60,000
应收账款	88,000	其他应付款	1,600
原材料	560,000	应交税费	6,300
库存商品	374,000	实收资本	1,000,000
固定资产	891,700	盈余公积	153,700
		本年利润	400,000
		累计折旧	254,600
合计	2,056,200	合计	2,056,200

2. 12月1日，有关明细账户期初余额如下：

应收账款——大华公司（借方）　1,000元

　　　　——文圣厂（借方）　87,000元

原材料——C材料2,000千克，每千克100元，计200,000元

　　　——D材料3,000千克，每千克120元，计360,000元

3. 11月30日，损益类账户1—11月份的累计发生额资料见表3—79。

表3—79　　损益类账户信息　　单位：元

账户名称	借方累计发生额	贷方累计发生额
主营业务收入	3,500,000	3,500,000
主营业务成本	2,045,000	2,045,000
主营业务税金及附加	535,000	535,000

续表

账户名称	借方累计发生额	贷方累计发生额
其他业务收入	6,000	6,000
其他业务支出	3,500	3,500
营业费用	20,000	20,000
管理费用	504,000	504,000
财务费用	1,000	1,000
营业外收入	4,000	4,000
营业外支出	1,500	1,500

4. 12月份发生的经济业务如下：

(1) 1日，收到盛达公司投入资金700,000元，已存入银行。

(2) 2日，以转账支票购进C材料3,000千克，每千克买价90元，D材料2,000千克，每千克买价110元，增值税率17%，材料未到达。

(3) 3日，以转账支票支付上述C、D两种材料运费8,000元，按两种材料重量比例分配（运费不考虑增值税）。

(4) 4日，上述购入的C、D材料运到，会计收到了“入库单”。

(5) 6日，从银行取得9个月期的借款60,000元。

(6) 7日，销售甲产品700件给大华公司，每件售价2,000元，增值税率17%，货款尚未收到。

(7) 8日，生产甲产品领用C材料1,400千克，生产乙产品领用D材料900千克（按加权平均单位成本计算发出材料成本，下同）。

(8) 9日，以信汇结算方式归还上月欠华兴公司货款60,000元。

(9) 10日，以转账支票支付水电费共10,000元，其中：车间水电费8,000元，行政管理部门水电费2,000元。

(10) 11日，以现金支付行政管理部门电话费650元。

(11) 13日，收到12月7日销售的甲产品的货款，存入银行。

(12) 15日，销售给文圣厂甲产品400件，每件售价1,980元，增值税率17%，货款尚未收到。

(13) 16日，从华阳公司购进C材料6,000千克，每千克买价100元，D材料3,000千克，每千克买价91元，增值税率17%，款暂欠，材料已收到入库，会计收到了“入库单”。

(14) 17日，从银行提取现金39,000元发放工资，当日发放完毕。

(15) 18日，发出D材料1,000千克，其中生产乙产品领用800千克，车间一般耗用80千克，管理部门耗用120千克。

（16）19日，销售甲产品1件，每件销售价2,000元，增值税率17%，款项收到现金。

（17）19日，会计将现金2,340元送存银行。

（18）31日，分配工资，其中生产甲产品工人工资为8,000元，生产乙产品工人工资为12,000元，车间管理人员为10,000元，厂部管理人员工资为9,000元。

（19）31日，计提固定资产折旧，其中车间固定资产折旧14,000元，管理部门固定资产折旧6,000元。

（20）31日，将制造费用按生产甲、乙两种产品生产工人工资比例分配给甲、乙两种产品。

（21）31日，乙产品1,000件全部完工入库，按实际成本入账。

（22）31日，销售乙产品500件，每件售价600元，增值税率17%，款项收到存入银行。

（23）31日，以转账支票支付产品广告费3,840元。

（24）31日，计算出本月负担的城市维护建设税10,200元。

（25）31日，结账本月销售甲产品的生产成本（甲产品单位生产成本为1,200元）。

（26）31日，将所有损益类账户余额转入“本年利润”账户。

（27）31日，按全年利润总额的25%计提所得税，并转入“本年利润”账户。

（28）31日，按税后利润10%计提盈余公积金。

（29）31日，按税后利润40%计算登记分配给投资人的利润。

（30）31日，将“本年利润”账户余额转入“利润分配——未分配利润”明细账户；将“利润分配——提取盈余公积”和“利润分配——应付利润”明细账户的余额转入“利润分配——未分配利润”明细账户。

要求：

1. 根据资料1开设资产、负债和所有者权益类总分类账户和库存现金、银行存款日记账账户并登记期初余额。

2. 根据资料2开设有关明细分类账户并登记期初余额。

3. 根据资料3开设损益类账户的总分类账户并登记借、贷方累计发生额。

4. 根据资料4填制记账凭证。

5. 根据记账凭证及业务内容登记开设的总分类账、明细分类账和库存现金、银行存款日记账。

6. 按规定进行结账。

模块四　会计核算

任务1　公司筹集资金的核算

知识目标

- 筹集资金的途径
- 筹集资金的账务处理

能力目标

- 能够正确确定筹集资金核算的会计账户
- 能够正确计算利息

任务引入

王军与李天经协商，决定共同出资设立优尔展览展示器材有限责任公司。公司为增值税一般纳税人，税率为17%，每人各出资10万元，见凭证4—1和凭证4—2。公司的注册资金为20万元，于2017年9月24日成立。经营初期由于资金不足，10月1日，向银行借入期限为半年、年利率为6%的营运资金30万元，见凭证4—3。由于公司刚刚设立，费用很多，王军想自己来记账，那么他该如何入手呢？

凭证 4—1　　　　**中国农业银行支付系统专用凭证**

报文种类	CMT100　交易种类：HVPS	贷记	业务种类：11	支付交易序号：	12001797
发起行行号：	103304061103	汇款人开户行行号	104523884423	委托日期	20170923
发起行名称：	中行武汉广埠支行				
付款人账号：	6237723888883400000				
付款人户名：	李天				
汇款人地址：					
接收行行号：	3133094449032			收报日期	20170923
收款人账号：	38499399222239400				
收款人户名：	优尔展览展示器材有限责任公司				
收款人地址：					
货币符号、金额：	（人民币）壹拾万元整				
	（RMB）100,000.00				
附　　言：	投资款				
业务流水号：	2017092308378820000	打印时间：	20170924	业务编号：	843727843283
		入账账号：	38499399222239400		
		入账账号名称：	优尔展览展示器材有限责任公司		

中国农业银行股份有限公司江宁市前进区江宁支行
20170923
业务办讫章（02）

凭证 4—2　　　　**中国农业银行支付系统专用凭证**

报文种类	CMT100　交易种类：HVPS	贷记	业务种类：11	支付交易序号：	12001798
发起行行号：	103304061103	汇款人开户行行号	104523884423	委托日期	20170923
发起行名称：	中行武汉广埠支行				
付款人账号：	10-607001040010001				
付款人户名：	王军				
汇款人地址：					
接收行行号：	3133094449032			收报日期	20170923
收款人账号：	38499399222239400				
收款人户名：	优尔展览展示器材有限责任公司				
收款人地址：					
货币符号、金额：	（人民币）壹拾万元整				
	（RMB）100,000.00				
附　　言：	投资款				
业务流水号：	2017092308378810000	打印时间：	20170924	业务编号：	8437278432
		入账账号：	38499399222239400		
		入账账号名称：	优尔展览展示器材有限责任公司		

中国农业银行股份有限公司江宁市前进区江宁支行
20170923
业务办讫章（02）

凭证 4—3　　中国农业银行

贷款直通发放借款凭证			
贷款账号：	38499399253439400	贷款单位：	优尔展览展示器材有限责任公司
收款账号：	38499399222239400	收款单位：	优尔展览展示器材有限责任公司
还款账号：	38499399222239400	贷款利率：	6%
贷款到期日：	20180331	起息日期：	20171001
币种；	CNY	贷款金额：	300,000.00
贷款合同：	CZZX 9757890876535789	贷款种类：	流动资金借款
交易日期：	20171001	交易时间：	16175097
		业务流水号：	780407

20171001 业务办讫章（02）

任务分析

公司成立之初，投资者向公司投入资金，对于公司来说资产增加了，此时，投资者拥有了公司的权益；在经营过程中，公司运营资金不足时会借入资金，借入的资金是公司的负债。王军要想记录这些经济业务，应学习企业筹集资金的核算。

相关知识

企业在生产经营过程中，筹集资金的渠道有两个：一是由投资者投入资金，称为实收资本；二是向债权人借入资金，如向银行或金融机构借入资金、通过发行债券向社会募集资金等。投资者投入企业的资本按其投资形式不同，可分为货币资金投资、实物资产投资和无形资产投资三种。按投资主体不同，可分为国家投资、法人投资、个人投资和外商投资四种。资本金实行保全制度，投入企业后，投资者一般不得随意抽回。

一、筹集资金核算账户设置

1. “实收资本”账户（所有者权益类账户）

“实收资本”账户用来核算企业所有者投入资本的增减变动情况，借方登记按照法定程序减少的资本数额，贷方登记实际收到的投资额，期末余额在贷方表示投入资本的实有数。

2. “资本公积”账户（所有者权益类账户）

“资本公积”账户用来核算企业因接受捐赠等而引起的投资者公共积累资本的增减变动情况，借方登记按照规定转赠注册资本的数额，贷方登记因接受捐赠等原因而增加的资本公积数额，期末贷方余额表示资本公积的结余数。

3. “短期借款”账户（负债类账户）

“短期借款”账户用来核算企业从银行借入的偿还期在一年以内的各种借款的增减变动情况，借方登记到期偿还的借款，贷方登记借入的各种短期借款，期末贷方余额表示尚未偿还的短期借款。

4. “长期借款”账户（负债类账户）

“长期借款”账户用来核算企业从银行借入的偿还期在一年以上的各种借款的增减变动情况，借方登记到期偿还的借款本息，贷方登记借入的各种长期借款的本金以及应付的利息，期末贷方余额表示尚未偿还的长期借款。

二、筹集资金核算账务处理

1. 投资者投入资金的核算

企业收到投资者投资的资金，企业的资产增加，以现金出资的借记“银行存款”，以设备出资的借记“固定资产”，以专利技术、商标权等出资的借记“无形资产”，以原材料出资的借记“原材料”；同时，所有者权益增加，贷记“实收资本（或股本）”“资本公积”（超过注册资本的部分记入资本公积）。

2. 企业借入资金的核算

企业经营过程中，营运资金不足时可以向银行或其他金融机构借款。企业向银行借入的资金要支付利息，到期还本。按借入期限的长短不同，可分为短期借款和长期借款。短期借款主要用于企业生产经营的临时周转，偿还期限在一年以内（含一年）；长期借款主要用于固定资产的购买、建造等，偿还期限在一年以上。

企业借入资金，使企业的资产增加，借记“银行存款”；同时，使企业的负债增加，贷记“长期借款”或“短期借款”。企业向银行借入的短期借款，一般按季度结算利息，企业可以按月预提利息，借记“财务费用”，贷记“应付利息”；季度末支付利息时，借记“应付利息”“财务费用”，贷记“银行存款”；偿还短期借款本金时，借记“短期借款”，贷记“银行存款”。

任务实施

通过对以上知识的学习，王军和李天向公司投入资金时，王军应根据凭证 4—1、凭证 4—2 做账务处理，见表 4—1。

表 4—1

记账凭证

2017 年 9 月 23 日　　　　第 1 号

摘要	总账科目	明细科目	借方金额									贷方金额									记账
			百	十	万	千	百	十	元	角	分	百	十	万	千	百	十	元	角	分	√
收到投资	银行存款			2	0	0	0	0	0	0	0										√
	实收资本	王军											1	0	0	0	0	0	0	0	√
		李天											1	0	0	0	0	0	0	0	√
附件 张	合计		¥	2	0	0	0	0	0	0	0	¥	2	0	0	0	0	0	0	0	

会计主管：×× 会计：×× 记账：×× 审核：×× 制单：王军

公司向银行借入资金时，王军应根据凭证 4—3 做账务处理，见表 4—2。

表 4—2

记账凭证

2017 年 10 月 01 日　　　　第 2 号

摘要	总账科目	明细科目	借方金额									贷方金额									记账
			百	十	万	千	百	十	元	角	分	百	十	万	千	百	十	元	角	分	√
借入资金	银行存款			3	0	0	0	0	0	0	0										√
	短期借款												3	0	0	0	0	0	0	0	√
附件 张	合计		¥	3	0	0	0	0	0	0	0	¥	3	0	0	0	0	0	0	0	

会计主管：×× 会计：×× 记账：×× 审核：×× 制单：王军

月末，公司计提利息时，王军所做账务处理见表 4—3，利息 = 300,000×6%÷12 = 1,500（元）。

表 4—3

记账凭证

2017 年 10 月 31 日　　　　第 3 号

摘要	总账科目	明细科目	借方金额									贷方金额									记账
			百	十	万	千	百	十	元	角	分	百	十	万	千	百	十	元	角	分	√
计提利息	财务费用					1	5	0	0	0	0										√
	应付利息														1	5	0	0	0	0	√
附件 张	合计				¥	1	5	0	0	0	0			¥	1	5	0	0	0	0	

会计主管：×× 会计：×× 记账：×× 审核：×× 制单：王军

公司在季度末支付利息时，王军所做账务处理见表4—4。

表4—4

记账凭证

2017年12月31日　　　　第　　号

摘要	总账科目	明细科目	借方金额									贷方金额									记账√
			百	十	万	千	百	十	元	角	分	百	十	万	千	百	十	元	角	分	
支付利息	财务费用					1	5	0	0	0	0										√
	应付利息					3	0	0	0	0	0										√
	银行存款														4	5	0	0	0	0	√
附件　张	合计				¥	4	5	0	0	0	0			¥	4	5	0	0	0	0	

会计主管：××　会计：××　记账：××　审核：××　制单：王军

公司偿还本金时，王军所做账务处理见表4—5。

表4—5

记账凭证

2018年3月31日　　　　第　　号

摘要	总账科目	明细科目	借方金额									贷方金额									记账√
			百	十	万	千	百	十	元	角	分	百	十	万	千	百	十	元	角	分	
偿还借款	短期借款			3	0	0	0	0	0	0	0										√
	银行存款												3	0	0	0	0	0	0	0	√
附件　张	合计		¥	3	0	0	0	0	0	0	0	¥	3	0	0	0	0	0	0	0	

会计主管：××　会计：××　记账：××　审核：××　制单：王军

思考题

1. 请查询并回答我国目前可以零元注册资本设立公司吗？
2. 请问公司的注册资本与实收资本不一致时，应按哪个缴纳印花税？
3. 请问向朋友借款的利息怎么记账？

任务 2　采购与生产的核算

知识目标

- 采购成本的核算
- 生产成本的账务处理
- 个人所得税的计算

能力目标

- 能够正确确定企业的采购成本
- 能够正确核算产品的生产成本

任务引入

优尔展览展示器材有限责任公司于 2017 年 10 月份购进生产设备两台，取得凭证 4—4~凭证 4—7；购进工具一批，取得凭证 4—8、凭证 4—9；为生产货架购进钢材，已入库，取得凭证 4—10、凭证 4—11，同时支付运费，取得凭证 4—12、凭证 4—13，保管员填写了“入库单”（见凭证 4—14）；11 月领用材料，材料保管员填写了“出库单”（见凭证 4—15），领用工具一套，保管员填写了“出库单”（见凭证 4—16），计提 11

凭证 4—4　　3200001170　　江苏省增值税专用发票　　No 04246340

发　票　联

开票日期：2017 年 10 月 6 日

购买方	名　　称：优尔展览展示器材有限责任公司 纳税人识别号：320400591102123 地 址 、电 话：新北区和平路 123 号 13625775123 开户行及账号：中国农业银行和平支行 20560188000105123	密码区	33933->70/*7-7793+6+107<05/6 776<67625/5*16<1709/4*26672 3<+8**9/<*80/228461+<*8/07< 06429/<481626/5>-7306*095/3

货物或应税劳务、服务名称	规格型号	单位	数量	单价	金额	税率	税额
切割设备	AQ-354	台	1	63,000	63,000	17%	10,710
合　计					63,000	17%	10,710
价税合计（大写）	⊗柒万叁仟柒佰壹拾元整			（小写）	￥73,710.00		

销售方	名　　称：惠尔设备有限责任公司 纳税人识别号：320400056667234 地 址 、电 话：南通市前进区夏城路 123 号 0516-88888888 开户行及账号：中国农业银行前进支行 633201040001234	备注	惠尔设备有限责任公司 320400056667234 发票专用章

收款人：　　复核：　　开票人：顾莉　　销售方：（章）

第三联：发票　购买方记账凭证

月水电费（见凭证4—17），计提11月固定资产折旧（见凭证4—18），王军根据11月的出勤情况编制了工资单（见凭证4—19），11月生产的货架全部完工，已验收入库，成品库保管员填写了“入库单”（见凭证4—20），低值易耗品采用一次摊销法。王军拿到这些凭证应如何进行账务处理？完工的产品应如何计算并结转成本？

凭证4—5 　　中国农业银行

入账日期：	2017年10月5日		
付款人户名：	优尔展览展示器材有限责任公司		
付款人账号：	20560188000105123		
付款人开户行：	中国农业银行和平支行		
收款人户名：	惠尔设备有限责任公司		
收款人账号：	633201040001234		
收款人开户行：	中国农业银行前进支行		
金　　额：	（人民币）柒万叁仟柒佰壹拾元整 （CNY）73,710.00		
摘　　要：		附　　言：	货款
渠　　道：	网上银行	回单种类：	电子银行交易回单（收款方）
集团交易标志：	否	业务流水号：	2017100548378810000
集团交易说明：			

凭证4—6 　3200001270 　江苏省增值税专用发票 　№ 04246560

发　票　联

开票日期：2017年10月8日

<table>
<tr><td rowspan="4">购买方</td><td>名　　称：</td><td>优尔展览展示器材有限责任公司</td><td rowspan="4" colspan="2">密码区</td><td colspan="4" rowspan="4">33933->70/＊7-7793+6+107<05/6
776<67625/5＊16<1709/4＊26672
3<+8＊＊9/<＊80/228461+<＊8/07<
06429/<481626/5>-7306＊095/3</td></tr>
<tr><td>纳税人识别号：</td><td>320400591102123</td></tr>
<tr><td>地 址、电 话：</td><td>新北区和平路123号 13625775123</td></tr>
<tr><td>开户行及账号：</td><td>中国农业银行和平支行 20560188000105123</td></tr>
<tr><td colspan="2">货物或应税劳务、服务名称</td><td>规格型号</td><td>单位</td><td>数量</td><td>单价</td><td>金额</td><td>税率</td><td>税额</td></tr>
<tr><td colspan="2">焊接设备</td><td>HJ-036</td><td>台</td><td>1</td><td>126,000</td><td>126,000.00</td><td>17%</td><td>21,420</td></tr>
<tr><td colspan="2">合　计</td><td></td><td></td><td></td><td></td><td>126,000.00</td><td>17%</td><td>21,420</td></tr>
<tr><td colspan="2">价税合计（大写）</td><td colspan="4">⊗壹拾肆万柒仟肆佰贰拾元整</td><td>（小写）</td><td colspan="2">￥147,420.00</td></tr>
<tr><td rowspan="4">销售方</td><td>名　　称：</td><td colspan="3">科达设备有限责任公司</td><td rowspan="4">备注</td><td colspan="3" rowspan="4">科达设备有限责任公司 32040005666785 发票专用章</td></tr>
<tr><td>纳税人识别号：</td><td colspan="3">32040005666785</td></tr>
<tr><td>地 址、电 话：</td><td colspan="3">南通市惠普区井冈路123号 0516-66666666</td></tr>
<tr><td>开户行及账号：</td><td colspan="3">中国农业银行前进支行 633201040001785</td></tr>
</table>

第三联：发票　购买方记账凭证

收款人： 　复核： 　开票人：张兰 　销售方：（章）

凭证 4—7　　　　　　　　　　**中国农业银行**

入账日期：	2017 年 10 月 4 日		
付款人户名：	优尔展览展示器材有限责任公司		
付款人账号：	20560188000105123		
付款人开户行：	中国农业银行和平支行		
收款人户名：	科达设备有限责任公司		
收款人账号：	633201040001785		
收款人开户行：	中国农业银行前进支行		
金　　额：	（人民币）壹拾肆万柒仟肆佰贰拾元整 （CNY）147,420.00		
摘　　要：		附　　言：	货款
渠　　道：	网上银行	回单种类：	电子银行交易回单（收款方）
集团交易标志：	否	业务流水号：	2017100448378810000
集团交易说明：			

凭证 4—8　　**3200002170**　　**江苏省增值税专用发票**　　No 04246340

发　票　联

开票日期：2017 年 10 月 6 日

购买方	名　　称：优尔展览展示器材有限责任公司 纳税人识别号：320400591102123 地 址 、电 话：新北区和平路 123 号 13625775123 开户行及账号：中国农业银行和平支行 20560188000105123	密码区	33933->70/＊7-7793+6+107<05/6 776<67625/5＊16<1709/4＊26672 3<+8＊＊9/<＊80/228461+<＊8/07< 06429/<481626/5>-7306＊095/3

货物或应税劳务、服务名称	规格型号	单位	数量	单价	金额	税率	税额
工具	GJ-987	套	5	1,260	6,300	17%	1,071
合　计					6,300	17%	1,071
价税合计（大写）	⊗柒仟叁佰柒拾壹元整				（小写）	¥7,371.00	

销售方	名　　称：能达机械设备有限责任公司 纳税人识别号：3204000566674235 地址、电话：南通市府北区北京路 234 号 0516-22222222 开户行及账号：中国农业银行前进支行 633201040001235	备注	能达机械设备有限责任公司 32040005664235 发票专用章

收款人：　　　复核：　　　开票人：张玉　　　销售方：（章）

第三联：发票　购买方记账凭证

凭证 4—9　　　　　　　　　　**中国农业银行**

入账日期：	2017 年 10 月 5 日		
付款人户名：	优尔展览展示器材有限责任公司		
付款人账号：	20560188000105123		
付款人开户行：	中国农业银行和平支行		
收款人户名：	能达机械设备有限责任公司		
收款人账号：	633201040001235		
收款人开户行：	中国农业银行前进支行		
金　　额：	（人民币）柒仟叁佰柒拾壹元整 （CNY）7,371.00		
摘　　要：		附　　言：	货款
渠　　道：	网上银行	回单种类：	电子银行交易回单（收款方）
集团交易标志：	否	业务流水号：	2017100548378810000
集团交易说明：			

凭证 4—10　　3200001370　　江苏省增值税专用发票　　№ 04246340

发　票　联

开票日期：2017 年 10 月 26 日

购买方	名　　称：	优尔展览展示器材有限责任公司	密码区	33933->70/ * 7-7793+6+107<05/6
	纳税人识别号：	320400591102123		776<67625/5 * 16<1709/4 * 26672
	地址、电话：	新北区和平路 123 号 13625775123		3<+8 * * 9/< * 80/228461+< * 8/07<
	开户行及账号：	中国农业银行和平支行 20560188000105123		06429/<481626/5>-7306 * 095/3

货物或应税劳务、服务名称	规格型号	单位	数量	单价	金额	税率	税额
钢材	H59	千克	2,000	30	60,000.00	17%	10,200.00
合　计					60,000.00		10,200.00

价税合计（大写）	⊗柒万零贰佰元整	（小写）	¥70,200.00

销售方	名　　称：	南通市科斯顿金属材料有限责任公司	备注	南通市科斯顿金属材料有限责任公司 320400056667123 发票专用章
	纳税人识别号：	320400056667123		
	地址、电话：	南通市前进区夏城路 123 号 0519-88888888		
	开户行及账号：	中国农业银行前进支行 633201040001123		

收款人：　　复核：　　开票人：李兰　　销售方：（章）

第三联：发票　购买方记账凭证

凭证 4—11　　中国农业银行

入账日期：	2017 年 10 月 25 日		
付款人户名：	优尔展览展示器材有限责任公司		
付款人账号：	20560188000105123		
付款人开户行：	中国农业银行和平支行		
收款人户名：	南通市科斯顿金属材料有限责任公司		
收款人账号：	633201040001123		
收款人开户行：	中国农业银行前进支行		
金　　额：	（人民币）柒万零贰佰元整		
	（CNY）70,200.00		
摘　　要：		附　　言：	货款
渠　　道：	网上银行	回单种类：	电子银行交易回单（收款方）
集团交易标志：	否	业务流水号：	201710264837881000
集团交易说明：			

凭证 4—12　　3200124760　　**货物运输业增值税专用发票**　　№ 03205739

抵　扣　联

开票日期：2017 年 10 月 28 日

承运人及纳税人识别号	南通红联货物配载处 320400056667678		密码区				
实际受票方及纳税人识别号	优尔展览展示器材有限责任公司 320400056667123						
收货人及纳税人识别号	优尔展览展示器材有限责任公司 320400591102123		发货人及纳税人识别号	南通市科斯顿金属材料有限责任公司 320400056667123			
起运地、经由、到达地							
费用项目及金额	费用项目　金额　费用项目　金额 运费　7,000.00				运输货物信息	钢材	
合计金额	¥7,000.00	税率	3%	税额	¥210.00	机器编号	589900073111
价税合计（大写）	⊗柒仟贰佰壹拾元整					（小写）	¥7,210.00
车种车号	苏 D5825 挂	车船吨位	33	备注	完税凭证号 00492317		
主管税务机关及代码	南通市国家税务局第一分局 132040200			南通红联货物配载处 320400056667678 发票专用章			

第二联：抵扣联　购货方扣税凭证

收款人：　　　复核人：　　　开票人：　　　承运人：（章）

凭证 4—13　　**中国农业银行**

入账日期：　2017 年 10 月 26 日

付款人户名：　优尔展览展示器材有限责任公司

付款人账号：　20560188000105123

付款人开户行：　中国农业银行和平支行

收款人户名：　南通红联货物配载处

收款人账号：　633201040001543

收款人开户行：　中国农业银行前进支行

金　　额：　（人民币）柒仟贰佰壹拾元整

（CNY）7 210.00

摘　　要：　　　附　　言：　货款

渠　　道：　网上银行　　　回单种类：　电子银行交易回单（收款方）

集团交易标志：　否　　　业务流水号：　2017102648378810000

集团交易说明：

凭证 4—14 入 库 单 No 0006612

2017 年 10 月 29 日

名称	规格	单位	数量	单价	金额	备注
钢材	H59	千克	2,000	30	60,000.00	
合计人民币（大写）		陆万元整				

第二联财务

交货人： 保管员：张成

凭证 4—15 出 库 单 No 0004321

2017 年 11 月 2 日

名称	规格	单位	数量	单价	金额	备注
钢材	H59	千克	500	33.5	16,750.00	
合计人民币（大写）		壹万陆仟柒佰伍拾元整				

第二联财务

交货人： 保管员：张成

凭证 4—16 出 库 单 No 0004321

2017 年 11 月 2 日

名称	规格	单位	数量	单价	金额	备注
工具	GJ-987	套	1	1,260.00	1,260.00	
合计人民币（大写）		壹仟贰佰陆拾元整				

第二联财务

交货人： 保管员：张成

凭证 4—17 优尔展览展示器材有限责任公司水电费分配表

2017 年 11 月 30 日 单位：元

应借账户		成本项目	水费分配			电费分配			合计
总账账户	明细账户		仪表记录（度）	单价	分配额	仪表记录（吨）	单价	分配额	
制造费用	车间	水电费	1,003.5	1	1,003.50	20	10	200.00	1,203.50
管理费用		水电费	100	1	100.00	3	10	30.00	130.00
销售费用		水电费	100	1	100.00	2	10	20.00	120.00
合计					1,203.50			250.00	1,453.50

制单人：王军

凭证 4—18 **固定资产折旧计算表**

单位名称：优尔展览展示器材有限责任公司 2017 年 11 月 30 日

固定资产名称	入账时间	原值（元）	净残值	折旧年限（年）	折旧月数（月）	月折旧额（元）	累计折旧额（元）
一、生产设备							
切割设备	2017 11	63,000	3,150	5	1	997.50	997.50
焊接设备	2017 11	126,000	6,300	5	1	1,995.00	1,995.00
二、家具							
合计						2,992.50	2,992.50

制表人：××

凭证 4—19 **工资结算单**

单位名称：优尔展览展示器材有限责任公司 2017 年 11 月 单位：元

编号	部门	姓名	基本工资	奖金	补贴		应扣工资			加班工资	应付工资	代扣款项			实发工资	领款人签章
					住房补贴	餐费补贴	病假	事假	旷工			社会保险	住房公积金	个人所得税		
1	管理部	王军	2,000	3,000		130					5,130	228	168	37.02	4,696.98	
2		李天	2,000	3,000		130					5,130	228	168	37.02	4,696.98	
小计											10,260	456	332		9,393.96	
3	车间	卢彬	2,000	1,000	200		100	100			3,000	228	168		2,604	
4		张成	3,000	500							3,500	228	168		3,104	
5		赵微	2,000	1,000				200		200	3,000	228	168		2,604	
6		顾莉	2,000	1,000							3,000	228	168		2,604	
小计											12,500	912	664		10,916	
7	销售部	郑云	2,000	1,500					300	300	3,500	228	168		3,104	
8		龚兵	2,000	3,000		130					5,130	228	168	37.02	4,696.98	
小计											8,630	456	332		7,800.98	
合计					200	390	100	300	300	500	31,390	1,824	1,344	111.06	28,110.94	

经理： 会计： 制表：王军

凭证 4—20 **入 库 单** No 000543

2017 年 11 月 30 日

名称	规格	单位	数量	单价	金额	备注
货架	2M	个	20	1,735.3	34,706.00	
合计人民币（大写）	叁万肆仟柒佰零陆元整					

第二联财务

交货人： 保管员：张成

任务分析

制造业生产产品要购买固定资产、原材料及必备的工具，还要雇用工人，具备了基本条件才能生产。王军为对采购及生产进行核算，应学习采购成本的计算及采购业务的会计处理，学习生产业务的会计核算；而要编制工资结算单，应学习个人所得税法。

相关知识

一、采购过程的核算

采购过程的核算主要包括固定资产购入业务的核算、材料采购业务的核算以及材料采购成本的计算。

1. 固定资产的核算

固定资产是指同时具有以下特征的有形资产：一是为生产商品、提供劳务、出租或经营管理而持有的；二是使用寿命超过一个会计年度。

固定资产一般应将取得时的成本作为入账的价值。固定资产成本是指企业购建某项固定资产达到预定可使用状态前所发生的一切合理、必要的支出，包括直接发生的价款、运杂费、包装费和安装成本、应承担借款利息、外币借款折算差额以及应分摊的其他间接费用。

购入固定资产应设置“固定资产”账户。购入不需要安装的固定资产，使企业资产增加，借记“固定资产”，同时，使企业货币资金减少或负债增加，贷记“银行存款”或“应付账款”；购入需要安装的固定资产，先记入“在建工程”账户，安装完毕交付使用时，再按所确定的固定资产原始价值记入“固定资产”账户的借方。

2. 材料采购的核算

制造企业采购材料过程需要计算材料的采购成本。采购成本由买价和采购费用两部分组成。采购费用包括运杂费、运输途中的合理损耗、入库存前的挑选整理费用、材料负担的税金和其他费用等。

（1）材料采购核算账户

1）“在途物资”账户。用来核算企业购入材料物资的采购成本，借方反映企业购入材料的买价和采购费用，贷方反映验收入库材料的实际采购成本，借方期末余额反映在途材料。该账户应按材料物资的类别、品种或规格设置明细分类账，进行明细分类核算。

2）“应交税费——应交增值税”账户。借方反映购买原材料等支付给供货方的进项税、已缴税金，贷方反映销售商品过程中的销项税、进项税额转出、出口退税。借方余额表示多缴的增值税，贷方余额表示应缴未缴的增值税。

3）“原材料”账户。用来核算企业库存材料的增减变动情况，借方反映验收入库材料的实际成本，贷方反映发出材料的实际成本，借方余额反映库存材料。该账户应按材料物资的类别、品种或规格设置明细分类账，进行明细分类核算。

4）“应付账款”账户。贷方反映应付给供货方的款项，借方反映归还供货方的款项，期末贷方余额反映尚未支付的应付账款的数额。该账户应按供应单位设置明细分类账，进行明细分类核算。

5）“预付账款”账户。用来核算企业按照购货合同规定预付给供应单位的款项，借方反映按照合同规定预付给供应单位的货款和补付的款项，贷方反映收到所购货物的货款和退回多付的款项，期末借方余额表示企业预付的款项。期末如为贷方余额，表示企业尚未补付款项。该账户应按供应单位设置明细分类账，进行明细分类核算。

（2）企业材料采购业务核算

1）采购材料，已验收入库，收到供货方的增值税专用发票，货款尚未支付的业务。企业购入材料，使企业的资产增加，借记“原材料”，按增值税专用发票的税额借记“应交税费——应交增值税（进项税额）”，同时，由于货款未付使企业的负债增加，贷记“应付账款”。

2）采购材料，货款已付，收到供货方的增值税专用发票，材料尚在运输途中。企业购入材料，使企业的材料资产增加，借记“在途物资”，按增值税专用发票的税额借记“应交税费——应交增值税（进项税额）”，同时，货币资金减少，贷记“银行存款”或“库存现金”。企业收到材料时，借记“原材料”，贷记“在途物资”。

3）采购材料，先预付货款，材料收到时，收到供货方的增值税专用发票，再补付货款。预付货款使企业的货币资金减少，预付款增加，借记“预付账款”，贷记“银行存款”；材料收到时，收到供货方的增值税专用发票时，借记“原材料”，按增值税专用发票的税额借记“应交税费——应交增值税（进项税额）”，贷记“预付账款”；补付货款时，借记“预付账款”，贷记“银行存款”。

二、生产过程的核算

1. 生产过程核算应设置的主要账户

（1）“生产成本”账户

“生产成本”账户属于成本类账户，反映产品实际生产成本，借方反映为生产产品发生的直接材料费、直接人工费以及从制造费用账户转入的制造费用，贷方反映完工入库产品的实际生产成本，如果有余额，反映在产品实际生产成本。该账户可按生产的产品名称种类设置明细分类账，进行明细核算。

（2）“制造费用”账户

“制造费用”账户属于成本类账户，借方反映企业基本生产车间为组织和管理生产而发生的基本生产管理人员的工资、福利费、折旧费、材料费、办公费、水电费等，贷方反映转入生产成本账户借方的制造费用，期末无余额。该账户按生产车间设置明细分类账，进行明细核算。

（3）“管理费用”账户

“管理费用”账户属于损益类账户，借方反映企业行政管理部门为组织和管理生产而发生的行政管理人员的工资、福利费、折旧费、材料费、办公费、水电费、业务招待费等，贷方反映转入“本年利润”账户借方的管理费用，该账户期末无余额。

（4）“财务费用”账户

“财务费用”账户属于损益类账户，反映企业为筹集生产经营资金而发生的费用。借方反映借款利息、承兑手续费、汇兑损益，贷方反映转入“本年利润”账户借方的财务费用，该账户期末无余额。

（5）“应付职工薪酬”账户

“应付职工薪酬”账户属于负债类账户，反映应支付给职工的工资总额。借方反映实际已经支付的工资数，贷方反映应支付的职工工资数，余额如果在借方则反映多支付的工资数，余额如果在贷方则反映应付未付的工资数。该账户可按“工资”“职工福利”“社会保险费”“住房公积金”“工会经费”“职工教育经费”“非货币性福利”等进行明细核算。

（6）“累计折旧”账户

“累计折旧”账户属于资产类账户，用来核算企业固定资产发生的累计折旧，贷方登记固定资产计提的折旧额，借方登记已提固定资产折旧的减少数或转销数额，期末余额在贷方，表示现有固定资产已提的累计折旧。

（7）“库存商品”账户

“库存商品”账户属于资产类账户，反映企业库存的商品成本。借方登记企业完工入库的产成品金额，贷方登记企业销售转出的成本，期末余额在借方，表示库存的商品成本。该账户可按产品名称种类设置明细分类账，进行明细核算。

2. 生产过程中主要经济业务的核算

（1）材料费用的核算

企业生产产品领用原材料，使产品成本增加，借记“生产成本”。领用原材料作为生产的一般耗用，无法确定是哪种产品，使企业生产产品的共同费用增加，借记“制造费用”。企业管理部门领用原材料，使企业的管理费用增加，借记“管理费用”。企业领用原材料，使企业的原材料减少，贷记“原材料”。

（2）工资费用的核算

企业在生产经营过程中，根据人事劳资部门的考核情况，应编制“企业职工工资结算表”，会计人员应根据此表编制“人工费用分配表”，并进行会计核算。企业为职工发放工资会使企业的费用增加，生产人员的工资使生产成本增加，借记“生产成本”；车间管理人员的工资使企业生产共用的费用增加，借记“制造费用”；企业管理人员的工资使管理费用增加，借记“管理费用”；一般企业是每月末计提当月工资，下月支付，这样使企业的负债增加，贷记“应付职工薪酬——工资”。

（3）制造费用的核算

制造费用在发生时一般不能直接确定受益对象，如企业在同时生产多种产品的情况下，发生的制造部门管理人员的工资应是为组织和管理这些产品的生产而共同发生的，当期的产品生产活动尚未结束，每一种产品应当分配多少，就很难直接确定，因此，只能在期末时采用一定的方法分配计入各种产品的成本。这样，平时发生制造费用应需要专门设置账户进行归集，以便于在期末时进行分配。企业归集制造费用的主要业务如下：

1）企业固定资产折旧时，借记“制造费用”，贷记“累计折旧”。

2）企业计提水电费时，借记“制造费用”，贷记“应付账款”。

3）企业发生的车间办公费、差旅费等日常共用的费用，借记“制造费用”，贷记“银行存款”或“库存现金”。

制造费用的分配和结转：当期发生的制造费用应按一定标准分配计入产品成本。

制造费用的分配标准：生产工人工时、生产工人工资、机器工时等。

分配过程的计算公式：

制造费用分配率=制造费用总额÷分配标准×100%

某产品负担的制造费用=生产该产品消耗的分配标准×制造费用分配率

制造费用分配计入产品成本，使产品的成本增加，借记“生产成本”，贷记“制造费用”。

（4）本月完工产品制造成本的确定和结转

1）有关计算公式如下：

月初在产品成本+本月生产费用=本月完工产品成本+月末在产品成本

本月完工产品成本=月初在产品成本+本月生产费用-月末在产品成本

2）完工产品制造成本的结转。产品完工入库，库存商品增加，借记“库存商品”，产品成本减少，贷记“生产成本”。

三、个人所得税的计算

1. 纳税义务人

个人所得税是调整征税机关与自然人（居民、非居民人）之间在个人所得税的征纳与管理过程中所发生的社会关系的法律规范的总称。

根据《中华人民共和国个人所得税法》规定，在中国境内有住所，或无住所而在境内居住满一年（指在一个纳税年度中在中国境内居住 365 日，临时离境不扣减日数）的个人，从中国境内和境外取得的所得，或在中国境内无住所又不居住或无住所而在境内居住不满一年的个人，从中国境取得的所得，依照本法规定缴纳个人所得税，缴纳义务人包括中国公民、个体工商户以及在中国有所得的外籍人员（包括无国籍人员）和中国香港、澳门、台湾地区同胞。

2. 应税所得项目

确定应税所得项目，可以使纳税人掌握自己都有哪些收入是要纳税的，具体项目如图 4—1 所示。

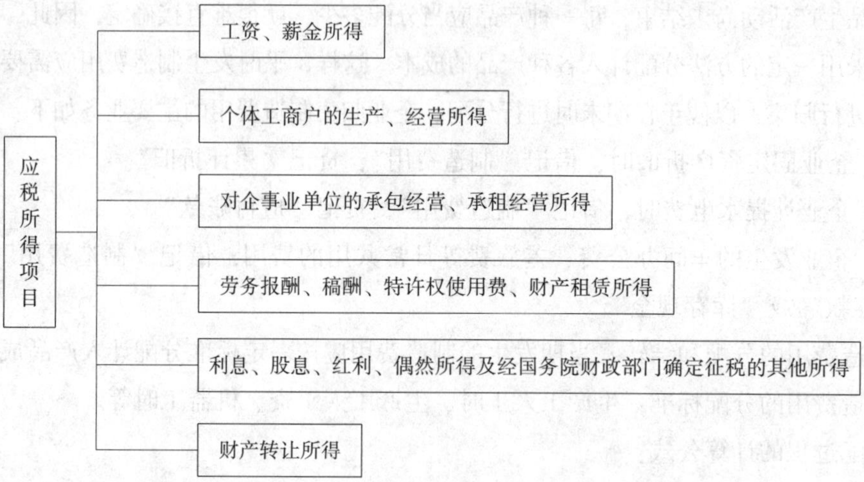

图 4—1　个人所得税应税所得项目

3. 个人所得税的税率

个人所得税的税率按所得项目不同分别确定为：

（1）工资、薪金所得

适用超额累进税率，税率为 3%～45%，见表 4—6。

表 4—6　　工资、薪金所得项目速算扣除法的税率表

级数	全月应纳税所得额	税率（%）	速算扣除数（元）
1	不超过 1,500 元的	3	0
2	超过 1,500 元至 4,500 元的部分	10	105
3	超过 4,500 元至 9,000 元的部分	20	555
4	超过 9,000 元至 35,000 元的部分	25	1,005
5	超过 35,000 元至 55,000 元的部分	30	2,755
6	超过 55,000 元至 80,000 元的部分	35	5,505
7	超过 80,000 元的部分	45	13,505

注：本表所称全月应纳税所得额是指依照《中华人民共和国个人所得税法》第六条的规定，以每月收入额减除费用 3 500 元以及附加减除费用后的余额。

（2）个体工商户的生产、经营所得和对企事业单位的承包经营、承租经营所得适用5%~35%的超额累进税率，见表4—7。

表4—7　　个体工商户的生产、经营所得和对企事业单位的承包经营、承租经营所得速算扣除法的税率表

级数	全年应纳税所得额	税率（%）	速算扣除数（元）
1	不超过15,000元的	5	0
2	超过15,000元至30,000元的部分	10	750
3	超过30,000元至60,000元的部分	20	3,750
4	超过60,000元至100,000元的部分	30	9,750
5	超过100,000元的部分	35	14,750

注：本表所称全年应纳税所得额是指依照《中华人民共和国个人所得税法》第六条的规定，以每一纳税年度的收入总额减除成本、费用以及损失后的余额。

（3）稿酬所得

适用比例税率，税率为20%，并按应纳税额减征30%。

（4）劳务报酬所得

适用比例税率，税率为20%。对劳务报酬所得一次收入畸高的，可以实行加成征收，具体办法由国务院规定。

根据《中华人民共和国个人所得税法实施条例》，"劳务报酬所得一次收入畸高"，是指个人一次取得劳务报酬，其应纳税所得额超过20,000元。对应纳税所得额超过20,000元至50,000元的部分，依照税法规定计算应纳税额后再按照应纳税额加征五成，超过50,000元的部分加征十成。因此，劳务报酬所得实际上适用20%、30%、40%的三级超额累进税率，见表4—8。

表4—8　　劳务报酬所得速算扣除法的税率表

级数	全年应纳税所得额	税率（%）	速算扣除数（元）
1	不超过20,000元的部分	20	0
2	超过20,000元至50,000元的部分	30	2,000
3	超过50,000元的部分	40	7,000

（5）特许权使用费所得，利息、股息、红利所得，财产租赁所得，财产转让所得，偶然所得和经国务院财政部门确定征税的其他所得，适用比例税率，税率为20%。

4. 个人所得税减、免税项目

个人所得税减、免税项目见表4—9。

表 4—9　　个人所得税减、免税项目

免税项目	省级人民政府、国务院部委和中国人民解放军军级以上单位，以及外国组织、国际组织颁发的科学、教育、技术、文化、卫生、体育、环境保护等方面的奖金
	国债和国家发行的金融债券利息
	按照国家统一规定发给的补贴、津贴
	福利费、抚恤金、救济金
	保险赔款
	军人的转业费、复员费
	按照国家统一规定发给干部、职工的安家费、退职费、退休工资、离休工资、离休生活补助费
	依照我国有关法律规定应予免税的各国驻华使馆、领事馆的外交代表、领事官员和其他人员的所得
	中国政府参加的国际公约、签订的协议中规定免税的所得
	经国务院财政部门批准免税的所得
减税项目	残疾、孤老人员和烈属的所得
	因严重自然灾害造成重大损失的
	其他经国务院财政部门批准减税的

5. 个人所得税应纳税额的计算

（1）工资、薪金所得应纳税额的计算

应纳税额＝应纳税所得额×适用税率－速算扣除数

＝（每月收入额－3,500 元）×适用税率－速算扣除数

（2）个体工商户的生产、经营所得应纳税额的计算

应纳税额＝应纳税所得额×适用税率－速算扣除数

＝（全年收入总额－成本、费用以及损失）×适用税率－速算扣除数

（3）对企事业单位的承包经营、承租经营所得应纳税额的计算

应纳税额＝应纳税所得额×适用税率－速算扣除数

＝（纳税年度收入总额－必要费用）×适用税率－速算扣除数

（4）劳务报酬所得

1）每次收入不足 4,000 元的：

应纳税额＝应纳税所得额×适用税率

＝（每次收入－800）×20%

2）每次收入在 4,000 元以上的：

应纳税额＝应纳税所得额×适用税率

＝每次收入额×（1－20%）×20%

3）每次收入的应纳税所得额超过 20,000元的：

应纳税额 = 应纳税所得额×适用税率 − 速算扣除数

(5)稿酬所得

1）每次收入不足 4,000 元的：

应纳税额 = 应纳税所得额×适用税率×(1−30%)

= (每次收入−800)×20%×(1−30%)

2）每次收入在 4,000 元以上的：

应纳税额 = 应纳税所得额×适用税率×(1−30%)

= 每次收入额×(1−20%)×20%×(1−30%)

(6) 特许权使用费所得

1）每次收入不足 4,000 元的：

应纳税额 = 应纳税所得额×适用税率

= (每次收入−800)×20%

2）每次收入在 4,000 元以上的：

应纳税额 = 应纳税所得额×适用税率

= 每次收入额×(1−20%)×20%

(7) 财产租赁所得

1）每次收入不足 4,000 元的：

应纳税额 = 应纳税所得额×适用税率

= [每次(月)收入额−准予扣除项目−修缮费用(800 元为限)−800]×20%

2）每次收入在 4,000 元以上的：

应纳税额 = 应纳税所得额×适用税率

= [每次(月)收入额−准予扣除项目−修缮费用(800 元为限)−800]×(1−20%)×20%

(8) 财产转让所得

应纳税额 = 应纳税所得额×适用税率

应纳税所得额 = 收入总额−财产原值−合理费用

(9) 利息、股息、红利所得、偶然所得及经国务院财政部门确定征税的其他所得

应纳税额 = 每次收入额×20%

6. 个人所得税的征收方式

个人所得税的征收方式主要有两种，一是代扣代缴，二是自行纳税申报。此外，一些地方为了提高征管效率，方便纳税人，对个别应税所得项目采取了委托代征的方式。

按照《中华人民共和国个人所得税法实施条例》的规定，凡在中国境内负有个人

所得税缴纳义务的纳税人，具有以下五种情形之一的，应当按照规定到主管税务机关办理纳税申报。

（1）年所得 12 万元以上的。

（2）从中国境内两处或两处以上取得工资、薪金所得的。

（3）从中国境外取得所得的。

（4）取得应税所得，没有扣缴义务人的。

（5）国务院规定的其他情形。

7. 个人所得税的缴纳

（1）工资、薪金所得应纳的税款，按月计征，由扣缴义务人或者纳税义务人在次月 7 日内缴入国库，并向税务机关报送纳税申报表。

（2）个体工商户的生产、经营所得应纳的税款，按年计算，分月预缴，由纳税义务人在次月 7 日内预缴，年度终了后 3 个月内汇算清缴，多退少补。

（3）对企事业单位的承包经营、承租经营所得应纳的税款，按年计算，由纳税义务人在年度终了后 30 日内缴入国库，并向税务机关报送纳税申报表。纳税义务人在一年内分次取得承包经营、承租经营所得的，应当在取得每次所得后的 7 日内预缴，年度终了后 3 个月内汇算清缴，多退少补。

（4）从中国境外取得所得的纳税义务人，应当在年度终了后 30 日内，将应纳的税款缴入国库，并向税务机关报送纳税申报表。

任务实施

通过对以上知识的学习，王军应做如下的核算：

1. 根据凭证 4—4、凭证 4—5 填写记账凭证，见表 4—10。

表 4—10

记账凭证

2017 年 10 月 9 日　　　　第 4 号

摘　要	总账科目	明细科目	借方金额									贷方金额									记账
			百	十	万	千	百	十	元	角	分	百	十	万	千	百	十	元	角	分	√
购买设备	固定资产	设备（切割设备）			6	3	0	0	0	0	0										√
	应交税费	应交增值税（进项税）			1	0	7	1	0	0	0										√
	银行存款													7	3	7	1	0	0	0	√
附件 2 张	合　计			¥	7	3	7	1	0	0	0		¥	7	3	7	1	0	0	0	

会计主管：××　　会计：××　　记账：××　　审核：××　　制单：王军

2. 根据凭证 4—6、凭证 4—7 填写记账凭证，见表 4—11。

表 4—11　　　　　　　　**记账凭证**

2017 年 10 月 10 日　　　　　　第　5　号

摘　要	总账科目	明细科目	借方金额									贷方金额									记账
			百	十	万	千	百	十	元	角	分	百	十	万	千	百	十	元	角	分	√
购买设备	固定资产	设备（焊接设备）		1	2	6	0	0	0	0	0										√
	应交税费	应交增值税（进项税）			2	1	4	2	0	0	0										√
	银行存款												1	4	7	4	2	0	0	0	√
附件 2 张	合　计		¥	1	4	7	4	2	0	0	0	¥	1	4	7	4	2	0	0	0	

会计主管：××　　会计：××　　记账：××　　审核：××　　制单：王军

3. 根据凭证 4—8、凭证 4—9 填写记账凭证，见表 4—12。

表 4—12　　　　　　　　**记账凭证**

2017 年 10 月 17 日　　　　　　第　6　号

摘　要	总账科目	明细科目	借方金额									贷方金额									记账
			百	十	万	千	百	十	元	角	分	百	十	万	千	百	十	元	角	分	√
购买工具	周转材料	工具				6	3	0	0	0	0										√
	应交税费	应交增值税（进项税）				1	0	7	1	0	0										√
	银行存款														7	3	7	1	0	0	√
附件 2 张	合　计				¥	7	3	7	1	0	0			¥	7	3	7	1	0	0	

会计主管：××　　会计：××　　记账：××　　审核：××　　制单：王军

4. 根据凭证 4—10、凭证 4—11 和凭证 4—14 填写记账凭证，见表 4—13。

表 4—13　　　　　　　　**记账凭证**

2017 年 10 月 29 日　　　　　　第　7　号

摘　要	总账科目	明细科目	借方金额									贷方金额									记账
			百	十	万	千	百	十	元	角	分	百	十	万	千	百	十	元	角	分	√
购买钢材	原材料	钢材			6	0	0	0	0	0	0										√
	应交税费	应交增值税（进项税）			1	0	2	0	0	0	0										√
	银行存款													7	0	2	0	0	0	0	√
附件 3 张	合　计			¥	7	0	2	0	0	0	0		¥	7	0	2	0	0	0	0	

会计主管：××　　会计：××　　记账：××　　审核：××　　制单：王军

5. 根据凭证 4—12、凭证 4—13 填写记账凭证，见表 4—14。

表 4—14

记账凭证

2017 年 10 月 29 日 第 8 号

摘要	总账科目	明细科目	借方金额									贷方金额									记账
			百	十	万	千	百	十	元	角	分	百	十	万	千	百	十	元	角	分	√
购买钢材	原材料	钢材				7	0	0	0	0	0										√
	应交税费	应交增值税（进项税）					2	1	0	0	0										√
	银行存款														7	2	1	0	0	0	√
附件 2 张	合计				¥	7	2	1	0	0	0			¥	7	2	1	0	0	0	

会计主管：×× 会计：×× 记账：×× 审核：×× 制单：王军

6. 10 月末，王军应将增值税账户的余额结转至“应交税费——未交增值税”账户，填写记账凭证，见表 4—15。

表 4—15

记账凭证

2017 年 10 月 30 日 第 9 号

摘要	总账科目	明细科目	借方金额									贷方金额									记账
			百	十	万	千	百	十	元	角	分	百	十	万	千	百	十	元	角	分	√
结转增值税	应交税费	未交增值税			4	3	6	1	1	0	0										√
	应交税费	应交增值税（转出多交增值税）												4	3	6	1	1	0	0	√
附件 张	合计			¥	4	3	6	1	1	0	0		¥	4	3	6	1	1	0	0	

会计主管：×× 会计：×× 记账：×× 审核：×× 制单：王军

7. 根据凭证 4—15 填写记账凭证，见表 4—16。

表 4—16

记账凭证

2017 年 11 月 7 日 第 1 号

摘要	总账科目	明细科目	借方金额									贷方金额									记账
			百	十	万	千	百	十	元	角	分	百	十	万	千	百	十	元	角	分	√
生产领料	生产成本	货架			1	6	7	5	0	0	0										√
	原材料	钢材												1	6	7	5	0	0	0	√
附件 2 张	合计			¥	1	6	7	5	0	0	0		¥	1	6	7	5	0	0	0	

会计主管：×× 会计：×× 记账：×× 审核：×× 制单：王军

8. 根据凭证 4—16 填写记账凭证，见表 4—17。

表 4—17

记账凭证

2017 年 11 月 17 日　　　　第 2 号

摘　　要	总账科目	明细科目	借方金额									贷方金额									记账√
			百	十	万	千	百	十	元	角	分	百	十	万	千	百	十	元	角	分	
领工具	制造费用	车间				1	2	6	0	0	0										√
	周转材料	工具													1	2	6	0	0	0	√
附件 2 张	合　　计				¥	1	2	6	0	0	0			¥	1	2	6	0	0	0	

会计主管：××　　会计：××　　记账：××　　审核：××　　制单：王军

9. 根据凭证 4—17 填写记账凭证，见表 4—18。

表 4—18

记账凭证

2017 年 11 月 30 日　　　　第 3 号

摘　　要	总账科目	明细科目	借方金额									贷方金额									记账√
			百	十	万	千	百	十	元	角	分	百	十	万	千	百	十	元	角	分	
计提水电费	制造费用	生产车间				1	2	0	3	5	0										√
	管理费用	水电费					1	3	0	0	0										√
	销售费用	水电费					1	2	0	0	0										√
	应付账款	供电公司													1	2	0	3	5	0	√
		供水公司														2	5	0	0	0	√
附件 1 张	合　　计				¥	1	4	5	3	5	0			¥	1	4	5	3	5	0	

会计主管：××　　会计：××　　记账：××　　审核：××　　制单：王军

10. 王军应根据个人所得税法的规定计算职工的个人所得税，并根据凭证 4—19 填写记账凭证，见表 4—19。

王军的个人所得税 =（5,130－228－168－3,500）×3% = 37.02（元），龚兵和李天个人所得税的计算同王军。

表 4—19 记账凭证

2017 年 11 月 30 日 第 4 号

摘 要	总账科目	明细科目	借方金额									贷方金额									记账
			百	十	万	千	百	十	元	角	分	百	十	万	千	百	十	元	角	分	√
计提本	生产成本	货架			1	2	5	0	0	0	0										√
月工资	管理费用	工资			1	0	2	6	0	0	0										√
	销售费用	工资				8	6	3	0	0	0										√
	应付职工薪酬	工资												3	1	3	9	0	0	0	√
附件 1 张	合 计			¥	3	1	3	9	0	0	0		¥	3	1	3	9	0	0	0	

会计主管：×× 会计：×× 记账：×× 审核：×× 制单：王军

11. 根据凭证 4—18 填写记账凭证，见表 4—20。

表 4—20 记账凭证

2017 年 11 月 30 日 第 5 号

摘 要	总账科目	明细科目	借方金额									贷方金额									记账
			百	十	万	千	百	十	元	角	分	百	十	万	千	百	十	元	角	分	√
计提折旧	制造费用	车间				2	9	9	2	5	0										√
	累计折旧														2	9	9	2	5	0	√
附件 2 张	合 计				¥	2	9	9	2	5	0			¥	2	9	9	2	5	0	

会计主管：×× 会计：×× 记账：×× 审核：×× 制单：王军

12. 本产品全部完工，应将制造费用账户所归集的费用分配结转至产品成本账户，由于本月只生产一种产品，制造费用不需要分配，可以直接结转至生产成本账户，王军应填写记账凭证见表 4—21。

表 4—21 记账凭证

2017 年 11 月 30 日 第 6 号

摘 要	总账科目	明细科目	借方金额									贷方金额									记账
			百	十	万	千	百	十	元	角	分	百	十	万	千	百	十	元	角	分	√
分配制造	生产成本	货架				5	4	5	6	0	0										√
费用	制造费用	车间													5	4	5	6	0	0	√
附件 1 张	合 计				¥	5	4	5	6	0	0			¥	5	4	5	6	0	0	

会计主管：×× 会计：×× 记账：×× 审核：×× 制单：王军

13. 对于完工产品，王军应根据生产成本明细账所归集的费用（见表 4—22）和凭证 4—20，填制记账凭证，见表 4—23。

表 4—22　　　　　　　　　　**货架成本明细账**

2017 年		凭证号数	摘要	借方项目				贷方	借或贷	余额
月	日			直接材料	直接人工	制造费用	合计			
11	7	1	生产用料	16,750			16,750		借	16,750
	30	4	计提本月工资		12,500		12,500		借	29,250
	30	6	分配制造费用			5,456	5,456		借	34,706
	30		合计	16,750	12,500	5,456	34,706		借	34,706
	30		结转完工产品成本	-16,750	-12,500	-5,456		34,702.5	平	0

表 4—23　　　　　　　　　　**记账凭证**

2017 年 11 月 30 日　　　　　　　　第　7　号

摘　要	总账科目	明细科目	借方金额									贷方金额									记账√
			百	十	万	千	百	十	元	角	分	百	十	万	千	百	十	元	角	分	
结转完工产品成本	库存商品	货架			3	4	7	0	6	0	0										√
	生产成本	货架												3	4	7	0	6	0	0	√
附件 1 张	合　　计			¥	3	4	7	0	6	0	0		¥	3	4	7	0	6	0	0	

会计主管：××　　会计：××　　记账：××　　审核：××　　制单：王军

思考题

1. 你认为在企业中成本管理工作应该怎样做才可以降低成本，提高效益。请提出一些降低成本的有效途径。

2. 林某发明一项专利技术，2017 年 1 月转让该技术使用权给甲公司，转让价为 15 万元，使用期限为一年，请计算林某应缴纳的个人所得税为多少元？若林某于 2017 年 12 月又将该技术使用权转让给乙公司，取得使用费 3,000 元，林某是否还需要缴纳个人所得税，若需要，应缴纳多少元？

3. 何某购买福利彩票获得奖金 10,000 元，请问何某实际收到的现金为多少元？

任务 3　销售与利润的核算

知识目标

- 销售业务的账务处理
- 利润的种类及会计核算

能力目标

- 能够正确确定销售业务会计核算的账户
- 能够正确计算各种利润

任务引入

优尔展览展示器材有限责任公司 2017 年 11 月份收到社保局的通知，要求公司为职工缴社保费和住房公积金，需要按当地的规定计提社保费，计提基数为 1,400 元，社保费计提比例为 16.29%，住房公积金的计提比例为 12%。优尔展览展示器材有限责任公司为增值税一般纳税人，每月报税，要计算利润填写财务报表。该公司 12 月销售货架，成品库保管员填写了出库单，见凭证 4—21，李天开具了发票，见凭证 4—22。6 日发放上月工资，8 日缴个人所得税、住房公积金和社保费，取得银行业务凭证，见凭证 4—23～凭证 4—25。对于公司发生的上述业务，王军该如何处理呢？假如 12 月份该公司没有购进原材料，12 月份的工资、社保费、住房公积金、折旧费、水电费与 11 月份相同，王军 12 月份该如何进行年终结账呢？

凭证 4—21　　　　出　库　单　　　　№ 000521

2017 年 12 月 2 日

名称	规格	单位	数量	单价	金额	备注
货架	2M	个	10	1,735.3	17,353.00	
合计人民币（大写）	壹万柒仟叁佰伍拾叁元整					

第二联财务

交货人：　　　　保管员：　张成

凭证 4—22　　3200001170　**江苏省增值税专用发票**　　No04246340

此联不作报销、扣税凭证使用

（全国统一发票监制章 江苏 国家税务总局监制）

开票日期：2017 年 10 月 6 日

购买方	名　　称： 纳税人识别号： 地址、电话： 开户行及账号：	南通第八百货商场 210400691102354 东风区惠南路 25 号 18725883640 中国农业银行东风支行 30150244888103421	密码区	33933->70/ * 7-7793+6+107<05/6 776<67625/5 * 16<1709/4 * 26672 3<+8 * * 9/< * 80/228461+< * 8/07< 06429/<481626/5>-7306 * 095/3

货物或应税劳务、服务名称	规格型号	单位	数量	单价	金额	税率	税额
货架	2M	个	10	3,000.00	30,000.00	17%	5,100.00
合　计					30,000.00	17%	5,100.00

价税合计（大写）	⊗叁万伍仟壹佰元整	（小写）	¥35,100.00

销售方	名　　称： 纳税人识别号： 地址、电话： 开户行及账号：	优尔展览展示器材有限责任公司 320400591102123 新北区和平路 123 号 13625775123 中国农业银行和平支行 20560188000105123	备注	（优尔展览展示器材有限责任公司 320400056667123 发票专用章）

收款人：　　复核：　　开票人：李天　　销售方：（章）

第一联：销售方记账凭证

凭证 4—23

银行业务凭证

转账日期：	2017 年 12 月 8 日		
纳税人全称及纳税识别号：	优尔展览展示器材有限责任公司 320400056667123		
付款人全称：	优尔展览展示器材有限责任公司		
付款人账号：	20560188000105123	付款人开户银行：	106070
征收机关名称：	南通市前进地方税务局第一分局		
收款国库（银行）名称：	国家金库前进支库		
小写（合计）金额：	111.06		
大写（合计）金额：	人民币壹佰壹拾壹元零陆分	缴款书交易流水号	2017120890526910
税种名称	所属时期	实缴金额 111.06	
个人所得税　工资、薪金所得	20171101-20171130		
第 1 次打印		打印时间：2017 年 12 月 8 日 10 时 43 分	

凭证 4—24

银行业务凭证

转账日期：	2017 年 12 月 8 日		
纳税人全称及纳税识别号：	优尔展览展示器材有限责任公司 320400056667123		
付款人全称：	优尔展览展示器材有限责任公司		
付款人账号：	20560188000105123	付款人开户银行：	106070
征收机关名称：	南通市社保局		
收款国库（银行）名称：	南通市工商银行前进支行		
小写（合计）金额：	6,304.00		
大写（合计）金额：	人民币陆仟叁佰零肆元整	缴款书交易流水号	2017120890526910
税种名称	所属时期	实缴金额 6,304.00	
社会保险费	20171101-20171130		
第 1 次打印		打印时间：2017 年 12 月 8 日 10 时 20 分	

凭证 4—25

银行业务凭证

转账日期：	2017 年 12 月 8 日		
纳税人全称及纳税识别号：	优尔展览展示器材有限责任公司 320400056667123		
付款人全称：	优尔展览展示器材有限责任公司		
付款人账号：	20560188000105123	付款人开户银行：	106070
征收机关名称：	南通市住房公积金管理中心		
收款国库（银行）名称：	南通市工商银行新北支行		
小写（合计）金额：	2,688.00		
大写（合计）金额：	人民币贰仟陆佰捌拾捌元整	缴款书交易流水号	2017120890526910
税种名称	所属时期	实缴金额 2,688.00	
住房公积金	20171101-20171130		
第 1 次打印		打印时间：2017 年 12 月 8 日 10 时 20 分	

任务分析

按照《企业会计准则》的规定，优尔展览展示器材有限责任公司每月末应编制会计报表，由于其是增值税一般纳税人，按照我国税法的规定，该公司应于每月 15 日之前向税务局报送会计报表和纳税申报表，为此，该公司每月末应结转增值税，结转损益，编制财务报表。

相关知识

一、销售的核算

企业为获得利润，要将所生产的产品对外销售，取得商品的销售收入，同时会发生销售费用和销售成本。收入是指企业在日常活动中形成的、会导致所有者权益增加的，与所有者投入资本无关的经济利益的总流入。收入包括销售商品收入、提供劳务收入和让渡资产使用权收入。

1. 销售核算的账户设置

为了记录收入业务，企业应设置的账户主要有“主营业务收入”“主营业务成本”“销售费用”“税金及附加”“其他业务收入”“其他业务成本”“应收票据”“应收账款”等账户。

(1)“主营业务收入”账户

“主营业务收入”账户属于损益类账户，用以核算企业销售产品所取得的收入，贷方反映实现的销售收入，借方反映发生销货退回和期末将实现的销售收入转入“本年利润”账户数额，期末结转后无余额。该账户应按照产品类别设置明细分类账。

(2)“主营业务成本”账户

“主营业务成本”账户属于损益类账户，用以核算企业销售产品的成本，借方反映企业结转已销售产品的成本，贷方反映期末转入“本年利润”账户的数额，结转后该账户无余额。该账户应按照产品类别设置明细分类账。

(3)“税金及附加”账户

“税金及附加”账户属于损益类账户，用以核算企业按规定应缴纳的消费税、城市维护建设税、资源税和教育费附加等，借方反映企业按照规定计算应由本期负担的税金及附加，贷方反映期末转入“本年利润”账户的数额，结转后该账户无余额。

(4)“应收账款”账户

“应收账款”账户属于资产类账户，用以核算企业因销售产品、材料、提供劳务等业务，应向购货单位或接受劳务单位收取的款项，借方反映企业发生的应收账款，贷方反映收回的应收账款或已确认为坏账而转销的应收账款，期末借方余额表示应收回的账款。该账户应按不同的购货单位或接受劳务的单位设置明细分类账。

（5）“应收票据”账户

“应收票据”账户属于资产类账户，用以核算企业采用商业汇票结算方式销售产品而收到的商业汇票，借方反映企业收到的商业汇票，贷方反映商业汇票到期收回或未到期向银行贴现的票面金额，期末借方余额表示尚未到期的应收票据。企业应设置“应收票据备查簿”，逐笔登记每一张应收票据。

（6）“其他业务收入”账户

“其他业务收入”账户属于损益类账户，用以核算企业除产品销售以外的其他销售或其他业务的收入，如材料销售、技术转让、固定资产出租、包装物出租、运输等非工业性劳务收入，贷方反映企业取得的其他业务收入，借方反映期末转入“本年利润”账户的数额，结转后该账户无余额。该账户应按其他业务的种类设置明细分类账。

（7）“其他业务成本”账户

“其他业务成本”账户属于损益类账户，用以核算企业除产品销售以外的其他销售或其他业务所发生的支出，包括销售成本、提供劳务而发生的相关成本、费用、税金及附加等，借方反映发生的其他业务成本，贷方反映期末转入“本年利润”账户的数额，结转后该账户无余额。该账户应按其他业务的种类设置明细分类账。

2. 销售过程中主要经济业务的核算

（1）销售自产产品开具发票，并收取货款

企业销售自产产品应开具发票，一般纳税人应开具增值税专用发票，销售给消费者个人和小规模纳税人等可开具普通发票。无论纳税人开具什么发票或是否开具发票，只要销售产品都应计算增值税销项税。企业销售产品收到货款，使企业的资产增加，按发票的价税合计金额借记“银行存款”或“库存现金”，销售产品使企业的收入增加，按发票的不含税金额贷记“主营业务收入”，同时，使企业的增值税销项税增加，按发票的税额贷记“应交税费——应交增值税（销项税额）”。

（2）销售自产商品开具发票，货款未收

企业销售产品货款未收到，使企业的应收账款增加，按发票的价税合计金额借记“应收账款”，销售产品使企业的收入增加，按发票的不含税金额贷记“主营业务收入”，同时，使企业的增值税销项税增加，按发票的税额贷记“应交税费——应交增值税（销项税额）”。

（3）销售自产商品开具发票，收到商业汇票

企业销售产品货款未收到，但收到了对方开具的商业汇票，使企业的应收票据账款增加，按发票的价税合计金额借记“应收票据”，销售产品使企业的收入增加，按发票的不含税金额贷记“主营业务收入”，同时，使企业的增值税销项税增加，按发票的税额贷记“应交税费——应交增值税（销项税额）”。

(4) 销售退回

本年度销售的商品在年度终了前退回，冲减退回月份的主营业务收入以及相关的成本、税金；以前年度销售的商品，在本年度终了前退回，冲减退回月份的主营业务收入以及相关的成本、税金；本年度或以前年度销售的商品，在年度财务报表批准报出前退回，冲减报告年度的主营业务收入以及相关成本、税金；销售退回时，对已发生的现金折扣或销售折让，应同时冲减销售退回当期的折扣、折让；若该项销售在资产负债表日及之前已发生现金折扣或销售折让，应同时冲减报告年度相关的折扣、折让。销售退回冲减收入时，借记“主营业务收入”“应交税费——应交增值税（销项税额）”，贷记“银行存款”等；冲减成本时，借记“库存商品”，贷记“主营业务成本”。

(5) 销售原材料，开具专用发票

企业销售材料是企业的次要业务，若企业收到货款，使企业的资产增加，按发票的价税合计金额借记“银行存款”或“库存现金”，若未收到货款，借记“应收账款”，销售材料使企业的其他收入增加，按发票的不含税金额贷记“其他业务收入”，同时，使企业的增值税销项税增加，按发票的税额贷记“应交税费——应交增值税（销项税额）”。结转材料的成本时，借记“其他业务成本”，贷记“原材料”。

(6) 销售产品计提税金

企业销售产品应当缴纳增值税。增值税属于价外税，通过“应交税费——应交增值税”账户核算；而消费税、城市维护建设税等属于价内税，应通过“税金及附加”账户核算。企业计提消费税、城市维护建设税等，借记“税金及附加”，贷记“应交税费——应交消费税”“应交税费——应交城市维护建设税”等。

(7) 预收款销售

企业采用预收款销售产品收到预收款时，不确认收入。收到预收款，借记“银行存款”，贷记“预收账款”。在实际交付商品时确认收入，按发票的价税合计金额借记“预收账款”，按发票的不含税金额贷记“主营业务收入”，按发票的税额贷记“应交税费——应交增值税（销项税额）”。退回预收账款余额时，借记“银行存款”，贷记“预收账款”；退还预收账款余额时，借记“预收账款”，贷记“银行存款”。

(8) 结转主营业务成本

企业销售产品使库存商品减少，企业应根据存货发出的计价方法，计算发出产品的成本，借记“主营业务成本”，贷记“库存商品”。

二、期间费用及营业外收支的核算

期间费用包括“管理费用”“销售费用”和“财务费用”，营业外收支包括“营业外收入”和“营业外支出”。

1. **管理费用**

核算企业为组织和管理企业生产经营所发生的管理费用，包括企业的董事会和行政管理部门在企业经营管理中发生的或者应由企业统一负担的企业经费（包括行政管理部门职工薪酬、修理费、物料消耗、低值易耗品摊销、办公费和差旅费等）、工会经费、董事会费（包括董事会成员津贴、会议费和差旅费等）、聘请中介机构费、咨询费（含顾问费）、诉讼费、业务招待费、技术转让费、矿产资源补偿费、研究费用、排污费等。企业发生管理费用，借记“管理费用”，贷记“银行存款”“原材料”“应付工资”“无形资产”“累计折旧”“坏账准备”等。期末应将“管理费用”结转至“本年利润”账户，借记“本年利润”，贷记“管理费用”。

2. **销售费用**

核算企业销售商品和材料、提供劳务的过程中发生的各种费用，包括保险费、包装费、展览费和广告费、商品维修费、预计产品质量保证损失、运输费、装卸费等，以及为销售本企业商品而专设的销售机构（含销售网点、售后服务网点等）的职工薪酬、业务费、折旧费等经营费用。企业发生销售费用，借记“销售费用”，贷记“银行存款”等；期末应将“销售费用”结转至“本年利润”账户，借记“本年利润”，贷记“销售费用”。

3. **财务费用**

核算企业为筹集生产经营所需资金等而发生的筹资费用，包括利息支出（减利息收入）、汇兑差额，以及相关的手续费、企业发生的现金折扣或收到的现金折扣等。企业计提利息时，借记“财务费用”，贷记“应付利息”；发生利息支出时，借记“财务费用”或“应付利息”，贷记“银行存款”；期末应将“财务费用”结转至“本年利润”账户，借记“本年利润”，贷记“财务费用”。

4. **营业外收入的核算**

核算企业发生的与其经营活动无直接关系的各项净收入，主要包括处置非流动资产利得、非货币性资产交换利得、债务重组利得、政府补助利得、捐赠利得、盘盈利得等。

5. **营业外支出的核算**

核算企业发生的与其经营活动无直接关系的各项净支出，包括处置非流动资产损失、非货币性资产交换损失、债务重组损失、公益性捐赠支出、非常损失、盘亏损失等。

三、利润的核算

1. 利润的构成

利润是企业在一定期间生产经营活动的最终成果，也就是收入与成本费用相抵后的差额，如果收入小于成本费用之差为亏损，反之为利润。

(1) 利润总额的构成

利润总额（或亏损总额）= 营业利润+营业外收入-营业外支出

营业利润=营业收入-营业成本-营业税金及附加-销售费用-管理费用-财务费用-资产减值损失+公允价值变动收益+投资收益

(2) 净利润的构成

净利润=利润总额-所得税费用

2. 企业结转损益

企业实现的利润（或亏损）总额，一律通过“本年利润”账户进行核算。计算本月利润总额和本年累计利润，可以采用“账结法”，也可以采用“表结法”。我国一般采用“账结法”。企业期末结转成本费用时，借记“本年利润”，贷记“主营业务成本”“税金及附加”“销售费用”“管理费用”“财务费用”“其他业务成本”“营业外支出”；企业结转收入、收益时，借“主营业务收入”“其他业务收入”“投资收益”“营业外收入”，贷记“本年利润”。

3. 本年利润的年终结转

企业在每年年末应将“本年利润”账户余额结转至“利润分配——未分配利润”账户。结转时若“本年利润”账户的余额在借方，借记“利润分配——未分配利润”，贷记“本年利润”；若“本年利润”账户的余额在贷方，做相反的会计分录。

4. 利润分配

(1) 利润分配的一般程序

1）弥补企业以前年度亏损。企业发生的年度亏损，可以用下一年度的税前利润弥补；下一年度利润不足弥补的，可以在五年内延续弥补；五年内不足弥补的，用净利润弥补，也可以用以前年度提取的盈余公积弥补。企业以前年度的亏损未弥补完，不得提取法定盈余公积金和法定公益金。而在提取法定盈余公积金和法定公益金前，不得向投资者分配利润。

2）提取法定盈余公积。法定盈余公积按照本年实现的净利润（扣除前一项）的一定比例提取，股份有限公司按 10%提取；其他企业可以根据需要确定提取比例，但至少要按 10%提取。盈余公积金已达注册资金 50%时可不再提取。

3）支付优先股股利。股份有限公司按股东会决议支付优先股的股利（此项内容仅限股份有限公司）。

4）提取任意盈余公积。股份有限公司按照公司章程或股东会决议提取和使用任意盈余公积金（此项内容仅限股份有限公司）。

5）应付利润或应付普通股股利。企业以前年度未分配的利润，可以并入本年度向投资者分配。股份有限公司当年无利润时，不得分配股利，但在用盈余公积弥补亏损后，经股东会特别决议，可以按照不超过股票面值6%的比率用盈余公积金分配股利。在分配股利后，企业法定盈余公积金不得低于注册资金的25%。

（2）利润分配的会计处理

1）弥补以前年度亏损的会计处理：税前利润弥补和税后利润弥补平亏损都无须进行账务处理。用法定盈余公积弥补亏损时，借记“盈余公积”，贷记“利润分配——盈余公积补亏”。

2）提取盈余公积的会计处理：借记“利润分配——提取法定盈余公积”“利润分配——提取任意盈余公积”，贷记“盈余公积——法定盈余公积”“盈余公积——任意盈余公积”。

3）向投资者分配利润的会计处理：借记“利润分配——应付利润（或应付股利）”，贷记“应付利润（或应付股利）”。

4）结转利润分配明细账的会计处理：借记“利润分配——未分配利润”，贷记“利润分配——提取法定盈余公积”“利润分配——提取任意盈余公积”“利润分配——应付利润（或应付股利）”；借记“利润分配——盈余公积补亏”，贷记“利润分配——未分配利润”。

任务实施

通过对以上知识的学习，王军应做如下会计处理：

1. 计提11月份的社保费和住房公积金。编制社保费、住房公积金计算表，见凭证4—26，并依据其填制记账凭证，见表4—24。

凭证4—26　　社保费、住房公积金计算表

单位名称：优尔展览展示器材有限责任公司　2017年11月　　单位：元

应借账户		计提基数	计提比例（%）	社保费金额	住房公积金
管理费用	社保费	11,200	16.29	1,824.00	
	住房公积金	11,200	12		1,344.00
合计		11,200		1,824.00	1,344.00

制表人：王军

表 4—24 记账凭证

2017 年 11 月 30 日 第 8 号

摘要	总账科目	明细科目	借方金额									贷方金额									记账√
			百	十	万	千	百	十	元	角	分	百	十	万	千	百	十	元	角	分	
计提社保费、住房公积金	管理费用	社保费				1	8	2	4	0	0										√
		住房公积金				1	3	4	4	0	0										√
	应付职工薪酬	社保费													1	8	2	4	0	0	√
		住房公积金													1	3	4	4	0	0	√
附件 1 张	合计				¥	3	1	6	8	0	0			¥	3	1	6	8	0	0	

会计主管：×× 会计：×× 记账：×× 审核：×× 制单：王军

2. 11 月末，王军应将损益类账户的余额结转至“本年利润”账户，见表 4—25。

表 4—25 记账凭证

2017 年 11 月 30 日 第 10 号

摘要	总账科目	明细科目	借方金额									贷方金额									记账√
			百	十	万	千	百	十	元	角	分	百	十	万	千	百	十	元	角	分	
结转损益	本年利润				2	2	3	0	8	0	0										√
	管理费用	水电费														1	3	0	0	0	√
		工资												1	0	2	6	0	0	0	√
		社保费													1	8	2	4	0	0	√
		住房公积金													1	3	4	4	0	0	√
	销售费用	水电费														1	2	0	0	0	√
		工资													8	6	3	0	0	0	√
附件 张	合计			¥	2	2	3	0	8	0	0		¥	2	2	3	0	8	0	0	

会计主管：×× 会计：×× 记账：×× 审核：×× 制单：王军

3. 12 月 2 日，销售货架，货款尚未收到，开具了增值税专用发票，王军应根据凭证 4—21、凭证 4—22 填写记账凭证，见表 4—26、表 4—27。

表 4—26

记账凭证

2017 年 12 月 2 日　　　　第 1 号

摘要	总账科目	明细科目	借方金额									贷方金额									记账
			百	十	万	千	百	十	元	角	分	百	十	万	千	百	十	元	角	分	√
结转已销产品成本	主营业务成本				1	7	3	5	3	0	0										√
	库存商品	货架												1	7	3	5	3	0	0	√
附件 张	合计			¥	1	7	3	5	3	0	0		¥	1	7	3	5	3	0	0	

会计主管：×× 会计：×× 记账：×× 审核：×× 制单：王军

表 4—27

记账凭证

2017 年 12 月 2 日　　　　第 2 号

摘要	总账科目	明细科目	借方金额									贷方金额									记账
			百	十	万	千	百	十	元	角	分	百	十	万	千	百	十	元	角	分	√
销售货架	应收账款	南通第八百货商场			3	5	1	0	0	0	0										√
	主营业务收入													3	0	0	0	0	0	0	√
	应交税费	应交增值税（销项税额）													5	1	0	0	0	0	√
附件 2 张	合计			¥	3	5	1	0	0	0	0		¥	3	5	1	0	0	0	0	

会计主管：×× 会计：×× 记账：×× 审核：×× 制单：王军

4. 12 月 6 日发放上月工资，王某应根据发工资的工资结算单填写记账凭证，见表 4—28。

表 4—28

记账凭证

2017 年 12 月 8 日　　　　第 3 号

摘要	总账科目	明细科目	借方金额									贷方金额									记账
			百	十	万	千	百	十	元	角	分	百	十	万	千	百	十	元	角	分	√
发放工资	应付职工薪酬	工资			3	1	3	9	0	0	0										√
	银行存款													2	8	1	1	0	9	4	√
	其他应付款	社保费													1	8	2	4	0	0	√
		住房公积金													1	3	4	4	0	0	√
	应交税费	应交个人所得税														1	1	1	0	6	√
附件 1 张	合计			¥	3	1	3	9	0	0	0		¥	3	1	3	9	0	0	0	

会计主管：×× 会计：×× 记账：×× 审核：×× 制单：王军

5. 12 月 8 日，缴纳个人所得税、住房公积金及社保费，王某应根据凭证 4—23 ~ 凭证 4—25 填写记账凭证，见表 4—29。

表 4—29

记账凭证

2017 年 12 月 8 日　　　　第 4 号

摘要	总账科目	明细科目	借方金额									贷方金额									记账√
			百	十	万	千	百	十	元	角	分	百	十	万	千	百	十	元	角	分	
缴纳个人所得税、住房公积金、社保费	其他应付款	社保费				1	8	2	4	0	0										√
		住房公积金				1	3	4	4	0	0										√
	应交税费	应交个人所得税					1	1	1	0	6										√
	应付职工薪酬	社保费				4	4	8	0	0	0										√
		住房公积金				1	3	4	4	0	0										√
	银行存款														9	1	0	3	0	6	√
附件 3 张	合计				¥	9	1	0	3	0	6			¥	9	1	0	3	0	6	

会计主管：××　会计：××　记账：××　审核：××　制单：王军

6. 12 月末计提水电费，填写记账凭证，见表 4—30。

表 4—30

记账凭证

2017 年 12 月 31 日　　　　第 5 号

摘要	总账科目	明细科目	借方金额									贷方金额									记账√
			百	十	万	千	百	十	元	角	分	百	十	万	千	百	十	元	角	分	
计提水电费	制造费用	生产车间				1	2	0	0	0	0										√
	管理费用	水电费					1	3	0	0	0										√
	销售费用	水电费					1	2	0	0	0				1	4	5	0	0	0	√
附件 1 张	合计				¥	1	4	5	0	0	0			¥	1	4	5	0	0	0	

会计主管：××　会计：××　记账：××　审核：××　制单：王军

7. 12 月末计提工资，填写记账凭证，见表 4—31。

表 4—31

记账凭证

2017 年 12 月 31 日　　　　　　　　第 6 号

摘　要	总账科目	明细科目	借方金额									贷方金额									记账
			百	十	万	千	百	十	元	角	分	百	十	万	千	百	十	元	角	分	√
计提本月工资	生产成本	货架			1	2	5	0	0	0	0										√
	管理费用	工资			1	0	2	6	0	0	0										√
	销售费用	工资				8	6	3	0	0	0										√
	应付职工薪酬	工资												3	1	3	9	0	0	0	√
附件 1 张	合　计			¥	3	1	3	9	0	0	0		¥	3	1	3	9	0	0	0	

会计主管：××　会计：××　记账：××　审核：××　制单：王军

8. 12 月末计提折旧，填写记账凭证，见表 4—32。

表 4—32

记账凭证

2017 年 12 月 31 日　　　　　　　　第 7 号

摘　要	总账科目	明细科目	借方金额									贷方金额									记账
			百	十	万	千	百	十	元	角	分	百	十	万	千	百	十	元	角	分	√
计提折旧	制造费用	车间				2	9	9	2	5	0										√
	累计折旧														2	9	9	2	5	0	√
附件 2 张	合　计				¥	2	9	9	2	5	0			¥	2	9	9	2	5	0	

会计主管：××　会计：××　记账：××　审核：××　制单：王军

9. 12 月末计提社保费、住房公积金，填写记账凭证，见表 4—33。

表 4—33

记账凭证

2017 年 12 月 31 日　　　　　　　　第 8 号

摘　要	总账科目	明细科目	借方金额									贷方金额									记账
			百	十	万	千	百	十	元	角	分	百	十	万	千	百	十	元	角	分	√
计提社保费、住房公积金	管理费用	社保费				1	8	2	4	0	0										√
		住房公积金				1	3	4	4	0	0										√
	应付职工薪酬	社保费													1	8	2	4	0	0	√
		住房公积金													1	3	4	4	0	0	√
附件 1 张	合　计				¥	3	1	6	8	0	0			¥	3	1	6	8	0	0	

会计主管：××　会计：××　记账：××　审核：××　制单：王军

10. 12 月末结转损益，填写记账凭证，见表 4—34。

表 4—34 **记账凭证**

2017 年 12 月 31 日 第 9 号

摘要	总账科目	明细科目	借方金额									贷方金额									记账√
			百	十	万	千	百	十	元	角	分	百	十	万	千	百	十	元	角	分	
结转增值税	应交税费	应交增值税（转出未交增值税）				5	1	0	0	0	0										√
	应交税费	未交增值税													5	1	0	0	0	0	√
附件 张	合计				¥	5	1	0	0	0	0			¥	5	1	0	0	0	0	

会计主管：×× 会计：×× 记账：×× 审核：×× 制单：王军

11. 12 月末结转损益，填写记账凭证，见表 4—35。

表 4—35 **记账凭证**

2017 年 12 月 31 日 第 10 号

摘要	总账科目	明细科目	借方金额									贷方金额									记账√
			百	十	万	千	百	十	元	角	分	百	十	万	千	百	十	元	角	分	
结转损益	本年利润				2	2	3	0	8	0	0										√
	管理费用	水电费														1	3	0	0	0	√
		工资												1	0	2	6	0	0	0	√
		社保费													1	8	2	4	0	0	√
		住房公积金													1	3	4	4	0	0	√
	销售费用	水电费														1	2	0	0	0	√
		工资													8	6	3	0	0	0	√
附件 张	合计			¥	2	2	3	0	8	0	0		¥	2	2	3	0	8	0	0	

会计主管：×× 会计：×× 记账：×× 审核：×× 制单：王军

12. 12 月末结转损益，填写记账凭证，见表 4—36。

表 4—36

记账凭证

2017 年 12 月 31 日　　　　第　11　号

摘　要	总账科目	明细科目	借方金额									贷方金额									记账√
			百	十	万	千	百	十	元	角	分	百	十	万	千	百	十	元	角	分	
结转损益	主营业务收入				3	0	0	0	0	0	0										√
	本年利润													3	0	0	0	0	0	0	√
附件　张	合　　计			¥	3	0	0	0	0	0	0		¥	3	0	0	0	0	0	0	

会计主管：××　会计：××　记账：××　审核：××　制单：王军

13. 12 月末结转损益，填写记账凭证，见表 4—37。

表 4—37

记账凭证

2017 年 12 月 31 日　　　　第　12　号

摘　要	总账科目	明细科目	借方金额									贷方金额									记账√
			百	十	万	千	百	十	元	角	分	百	十	万	千	百	十	元	角	分	
结转损益	利润分配	未分配利润			1	4	6	1	6	0	0										√
	本年利润													1	4	6	1	6	0	0	√
附件　张	合　　计			¥	1	4	6	1	6	0	0		¥	1	4	6	1	6	0	0	

会计主管：××　会计：××　记账：××　审核：××　制单：王军

模块四实训

通过模块四的学习，完成如下实训题目。

实训一

赵菲与其妹赵英经协商，决定共同出资设立惠民机械有限责任公司。公司为一般纳税人，税率为 17%。赵菲以一台设备出资，见凭证 4—27，赵英以一批原材料出资，见凭证 4—28。经营初期由于资金不足，10 月 15 日，向银行借入期限为半年、年利率为 6%的营运资金 30 万元，见凭证 4—29。请为该公司填制记账凭证。

凭证 4—27　　3200001160　　**江苏省增值税专用发票**　　No：04246560

发　票　联

开票日期：　2017 年 10 月 6 日

购买方	名　称：惠民机械有限责任公司 纳税人识别号：320400591102123 地址、电话：新北区和平路 123 号 13625775123 开户行及账号：中国农业银行和平支行 20560188000105123				密码区	33933->70/ * 7-7793+6+107<05/6 776<67625/5 * 16<1709/4 * 26672 3<+8 * * 9/< * * 80/228461+< * * 8/07< 06429/<481626/5>-7306 * 095/3		
货物或应税劳务、服务名称	规格型号	单位	数量	单价	金额	税率	税额	
机床	AQ-354	台	1	160,000	160,000	17%	27,200	
合　计					160,000	17%	27,200	
价税合计（大写）	⊗壹拾捌万柒仟贰佰元整				（小写）	¥187,200.00		
销售方	名　称：惠尔设备有限责任公司 纳税人识别号：320400056667234 地址、电话：南通市前进区夏城路 123 号 0516-88888888 开户行及账号：中国农业银行前进支行 633201040001234				备注	惠尔设备有限责任公司 320400056667234 发票专用章		

收款人：　　复核：　　开票人：张玉兰　　销售方：（章）

第三联：发票　购买方记账凭证

凭证 4—28　　3200001165　　**江苏省增值税专用发票**　　No：04246890

发　票　联

开票日期：　2017 年 10 月 5 日

购买方	名　称：惠民机械有限责任公司 纳税人识别号：320400591102123 地址、电话：新北区和平路 123 号 13625775123 开户行及账号：中国农业银行和平支行 20560188000105123				密码区	33933->70/ * 7-7793+6+107<05/6 776<67625/5 * 16<1709/4 * 26672 3<+8 * * 9/< * * 80/228461+< * * 8/07< 06429/<481626/5>-7306 * 095/3		
货物或应税劳务、服务名称	规格型号	单位	数量	单价	金额	税率	税额	
钢材	H59	千克	2,000	30	60,000.00	17%	10,200.00	
合　计					60,000.00		10,200.00	
价税合计（大写）	⊗柒万零贰佰元整				（小写）	¥70,200.00		
销售方	名　称：南通市科斯顿金属材料有限责任公司 纳税人识别号：320400056667123 地址、电话：南通市前进区夏城路 123 号 0519-88888888 开户行及账号：中国农业银行前进支行 633201040001123				备注	南通市科斯顿金属材料有限责任公司 320400056667123 发票专用章		

收款人：　　复核：　　开票人：张玉兰　　销售方：（章）

第三联：发票　购买方记账凭证

凭证 4—29　　　　**中国农业银行**

贷款直通发放借款凭证

贷款账号：	38499399222235843	贷款单位：	惠民机械有限责任公司
收款账号：	38499399222235843	收款单位：	惠民机械有限责任公司
还款账号：	38499399222235843	贷款利率：	6%
贷款到期日：	20180315	起息日期：	20171015
币种：	CNY	贷款金额：	300,000.00
贷款合同：	CZZX9757890876535789	贷款种类：	流动资金借款
交易日期：	20171015	业务流水号：	780407

中国农业银行股份有限公司江宁市前进区江丰支行 20171015 业务办讫章（02）

实训二

惠尔设备有限责任公司 2017 年 10 月销售产品见凭证 4—30，收到预收款见凭证 4—31。请为该公司填制记账凭证。

凭证 4—30　　**3200001167**　　**江苏省增值税专用发票**　　No：04246897

发　票　联

开票日期：　2017 年 10 月 6 日

购买方		密码区	
名　　称：	新星机械有限责任公司		33933->70/ * 7-7793+6+107<05/6
纳税人识别号：	320400591102123		776<67625/5 * 16<1709/4 * 26672
地址、电话：	新北区和平路 123 号 13625775123		3<+8 * * 9/< * * 80/228461+< * 8/07<
开户行及账号：	中国农业银行和平支行 20560188000105123		06429/<481626/5>-7306 * 095/3

货物或应税劳务、服务名称	规格型号	单位	数量	单价	金额	税率	税额
机床	AQ-354	台	1	160,000	160,000	17%	27,200
合　计					160,000	17%	27,200
价税合计（大写）	⊗壹拾捌万柒仟贰佰元整				（小写）	¥ 187,200.00	

销售方		备注
名　　称：	惠尔设备有限责任公司	
纳税人识别号：	320400056667234	
地址、电话：	南通市前进区夏城路 123 号 0516-88888888	
开户行及账号：	中国农业银行前进支行 633201040001234	

惠尔设备有限责任公司 320400056667234 发票专用章

第三联：发票　购买方记账凭证

收款人：　　复核：　　开票人：张玉兰　　销售方：（章）

凭证 4—31　　中国农业银行

入账日期：	2017 年 10 月 5 日		
付款人户名：	惠尔设备有限责任公司		
付款人账号：	633201040001234		
付款人开户行：	中国农业银行前进支行		
收款人户名：	万利达机械设备有限责任公司		
收款人账号：	10633201040001234		
收款人开户行：	中国农业银行前进支行		
金　　额：	（人民币）壹拾捌万元整 （CNY）180,000.00		
摘　　要：		附　　言：	货款
渠　　道：	网上银行	回单种类：	电子银行交易回单（收款方）
集团交易标志：	否	业务流水号：	2017100548378810000
集团交易说明：			

模块五　会计报表的阅读与分析

知识目标

- ➤会计报表的种类
- ➤资产负债表的结构及分析
- ➤利润表的结构及分析

能力目标

- ➤能够根据资产负债表进行资产的流动性和偿债能力分析
- ➤能够根据利润表进行盈利能力分析

任务引入

宇通公司的销售员刘南将价值100万元的一批产品销售给宏宇公司。宏宇公司因资金紧张，与宇通公司协商采用分期付款的形式来支付这部分货款。宇通公司的总裁孙珊让销售员刘南根据宏宇公司的会计报表（见表5—1、表5—2）分析一下宏宇公司的长、短期偿债能力和盈利情况，他该如何分析呢？

表5—1　　**资产负债表**　　会企01表

编制单位：宏宇公司　　2017年12月31日　　单位：元

资产	期末余额	年初余额	负债和所有者权益（或股东权益）	期末余额	年初余额
流动资产：			流动负债：		
货币资金	7,584,652	4,954,500	短期借款	38,402,000	9,300,000
交易性金融资产	106,300	17,656	交易性金融负债		
应收票据	550,438	762,960	应付票据	13,560,000	8,260,000
应收账款	29,133,698	15,393,324	应付账款	17,215,380	13,491,944
预付款项	399,034	5,303,576	预收款项	2,152,606	5,881,596
应收利息			应付职工薪酬	491,104	1,278,676
应收股利			应交税费	20,890	561,378
其他应收款	141,820	137,050	应付利息		

续表

资产	期末余额	年初余额	负债和所有者权益（或股东权益）	期末余额	年初余额
存货	36,638,570	31,020,778	应付股利		
一年内到期的非流动资产			其他应付款	964,564	866,668
其他流动资产			一年内到期的非流动负债	400,610	
流动资产合计	74,554,512	57,589,844	其他流动负债		
非流动资产：			流动负债合计	73,207,154	39,640,262
可供出售金融资产			非流动负债：		
持有至到期投资			长期借款		402,410
长期应收款			应付债券		
长期股权投资	20,340,330	19,416,940	长期应付款		
投资性房地产			专项应付款	290,600	
固定资产	33,472,304	20,191,338	预计负债		
在建工程	6,441,238	3,350,262	递延所得税负债		
工程物资	2,335,458	2,309,980	其他非流动负债		
固定资产清理			非流动负债合计	290,600	402,410
生产性生物资产			负债合计	73,497,754	40,042,672
油气资产			所有者权益（或股东权益）：		
无形资产			实收资本（或股本）	12,900,750	12,900,750
开发支出			资本公积	14,768,010	14,768,010
商誉			减：库存股		
长期待摊费用			盈余公积	8,436,032	7,827,140
递延所得税资产			未分配利润	27,541,296	27,319,792
其他非流动资产			所有者权益（或股东权益）合计	63,646,088	62,815,692
非流动资产合计	62,589,330	45,268,520			
资产总计	137,143,842	102,858,364	负债和所有者权益（或股东权益）合计	137,143,842	102,858,364

表 5—2　　**利润表**　　会企 02 表

编制单位：宏宇公司　　2017 年度　　单位：元

项目	本期金额	上期金额
一、营业收入	190,330,650	187,587,860
减：营业成本	180,710,470	162,805,930
税金及附加	484,750	801,070
销售费用	183,130	136,710
管理费用	2,704,350	3,883,800
财务费用	1,800,580	964,330
资产减值损失	56,580	25,710

续表

项目	本期金额	上期金额
加：公允价值变动收益（损失以“-”号填列）	21,400	
投资收益（损失以“-”号填列）	808,640	990,150
其中：对联营企业和合营企业的投资收益		
二、营业外收入（亏损以“-”号填列）	5,220,830	19,960,460
加：营业外收入	314,790	2,340
减：营业外支出	133,880	398,970
其中：非流动资产处置损失		367,790
三、利润总额（亏损总额以“-”号填列）	5,401,740	19,563,830
减：所得税费用	1,180,100	6,213,600
四、净利润（净亏损以“-”号填列）	4,221,640	13,350,230
五、每股收益		
（一）基本每股收益		
（二）稀释每股收益		

注：该公司2016年和2017年发生的全部利息费用分别为690,000元和 1,660,000元。

任务分析

销售人员在销售过程中，经常遇到赊销问题，进行决策时，需要了解买方的财务状况。为此，销售人员首先应能够看懂会计报表，即会计报表的阅读；其次要能够根据会计报表进行分析，分析其盈利情况及偿债能力。

相关知识

一、会计报表概述

会计报表是以货币为计量单位，综合企业财务状况和经营成果的书面文件。编制会计报表的目的是向会计报表使用者提供与企业财务状况、经营成果和现金流量等有关的会计信息，检查各项计划工作的执行情况，总结和分析编制单位的经济运行效果，有助于报表使用者做出决策。

1. 会计报表的种类

（1）按照会计报表所反映的经济内容分类，如图 5—1 所示。

（2）按照会计报表编制的时间分类，如图 5—2 所示。

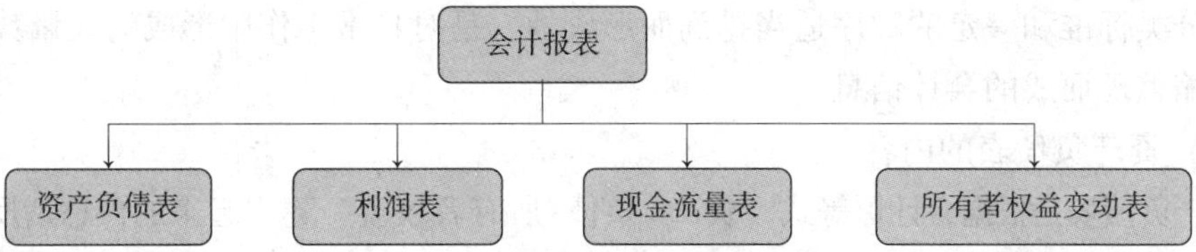

图 5—1 会计报表按经济内容分类

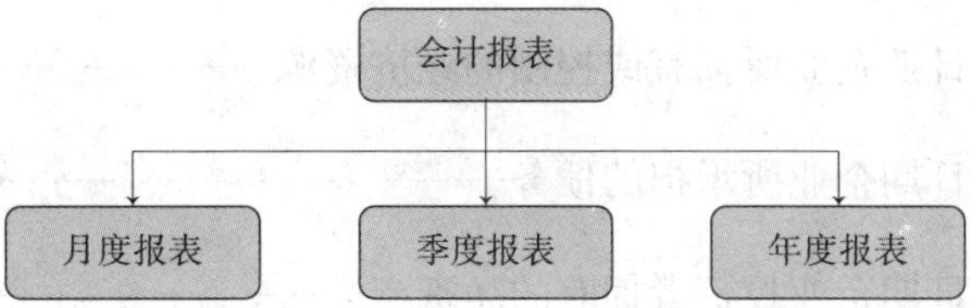

图 5—2 会计报表按编制时间分类

2. 会计报表的编报要求

企业必须按照国家的法律、法规，认真及时地编制和报送会计报表，具体要求如下：

（1）数字真实

会计报表必须按照登记完整、审核无误的账簿记录和其他有关资料如实编制，确保会计报表信息真实可靠。任何弄虚作假、伪造会计数据、掩盖财务状况真相的行为都是违法行为。

（2）内容完整

编制会计报表必须按照国家统一规定的报表种类、格式、内容填报，不得随意漏报或者漏填报表所规定的项目。无论是表内项目还是表外补充资料，都应当填列齐全。

（3）编报及时

会计报表的编制和报送是有严格时间限制的，及时编制、按期报送也是编报的要求之一。因此，会计工作必须要有计划，加强日常核算工作的及时性，做好记账、对账、结账、财产清查等工作。

（4）说明清楚

在年度会计报表编制出来之后，企业会计主管还需要撰写一份文字精练、能概括企业会计年度财务状况的财务情况说明书。在说明书中，除了需要简要说明企业财务的基本情况之外，还需要对重要的会计事项（如会计政策的变更及其影响，税率的变化及其影响）进行说明，从而方便会计报表的使用者理解报表所提供的信息，避免因理解差异而造成误导的不良效果。

二、会计报表的阅读

1. 资产负债表的阅读

资产负债表是反映企业某一特定日期财务状况的会计报表，它是根据资产、负债和所有者权益之间的相互关系，将企业一定日期的资产、负债和所有者权益各项目，按照一定的分类标准和一定的顺序适当排列而形成的，是对日常工作中形成的大量数据进行高度浓缩整理而成的会计信息。

（1）资产负债表的内容

资产负债表是根据会计恒等式“资产＝负债+所有者权益”建立起来的，总括反映某一特定日期（月末、年末）财务状况的会计报表。正常情况下，资产负债表必须按月编报。

资产负债表主要反映以下三个方面的内容：

1）在某一特定日期企业所拥有或控制的经济资源→资产

2）在某一特定日期企业所承担的债务→负债

3）在某一特定日期企业投资者拥有的净资产→所有者权益

（2）资产负债表的结构

资产负债表的表体格式分为账户式和报告式。

1）报告式资产负债表，是将资产负债表的项目自上而下排列，首先列示资产的数额，然后列示负债的数额，最后再列示所有者权益的数额，其格式见表5—3。

表5—3　　资产负债表（报告式）

编制单位：　　年　月　日　　单位：元 }（表头）

（表体）

项目	期初余额	期末余额
资产：		
货币资金		
应收账款		
……		
资产合计		
负债：		
短期借款		
应付账款		
……		
负债合计		
所有者权益		
实收资本		
资本公积		
……		
权益合计		

2）账户式资产负债表，是将资产负债表分为左方和右方，左方列示资产各项目，右方列示负债和所有者权益各项目，资产各项目的合计等于负债和所有者权益各项目的合计。账户式资产负债表反映资产、负债和所有者权益之间的内在关系，并达到左方和

右方平衡，其格式见表5—4。在我国，资产负债表按账户式反映。

表5—4　　资产负债表（账户式）　　会企01表

编制单位：　　年　月　日　　表体　单位：元　表头

资产	期末余额	年初余额	负债和所有者权益(或股东权益)	期末余额	年初余额
流动资产：			流动负债：		
货币资金			短期借款		
交易性金融资产			交易性金融负债		
应收票据			应付票据		
应收账款			应付账款		
预付款项			预收款项		
应收利息			应付职工薪酬		
应收股利			应交税费		
其他应收款			应付利息		
存货			应付股利		
一年内到期限的非流动资产			其他应付款		
其他流动资产			一年内到期的非流动负债		
流动资产合计			其他流动负债		
非流动资产：			流动负债合计		
可供出售金融资产			非流动负债：		
持有至到期投资			长期借款		
长期应收款			应付债券		
长期股权投资			长期应付款		
投资性房地产			专项应付款		
固定资产			预计负债		
在建工程			递延所得税负债		
工程物资			其他非流动负债		
固定资产清理			非流动负债合计		
生产性生物资产			负债合计		
无形资产			所有者权益（或股东权益）：		
开发支出			实收资本（或股本）		
商誉			资本公积		
长期待摊费用			减：库存股		
递延所得税资产			盈余公积		
其他非流动资产			未分配利润		
非流动资产合计			所有者权益（或股东权益）合计		
资产总计			负债和所有者权益（或股东权益）总计		

（3）资产负债表的编制方法

1）直接根据总分类账户的期末余额填列。在资产负债表中，大部分项目都是按照总分类账户的期末余额直接填列的，如“短期借款”项目、“应收股利”项目和“应收利息”项目等。

2）根据明细分类账户的期末余额填列。在资产负债表中，有少部分项目是按照明细分类账户的期末余额直接填列，如“预收款项”项目，根据“应收款项”和“预收账款”总分类账所属各明细分类账户的期末贷方余额填列。

3）根据几个总分类账户的期末余额合计数填列，如“货币资金”项目，根据“库存现金”“银行存款”“其他货币资金”账户的期末余额的合计数填列。

4）根据总分类账户和明细分类账户的期末余额分析计算填列。资产负债表上某些项目不能根据有关总账的期末余额直接填列，也不能根据有关账户所属相关明细账的期末余额填列，需要根据总账和明细账余额分析计算填列，如“长期借款”“应付债券”和“长期应付款”等项目，应根据各总账期末余额扣除各总账所属明细账中一年内到期的长期负债部分分析计算填列。

5）根据有关资产科目与其备抵科目抵销后的净额填列。“应收账款”项目，应根据“应收账款”和“预收账款”科目所属各明细科目的期末借方余额合计，减去“坏账准备”科目中有关应收账款计提的坏账准备期末余额后的金额填列。“其他应收款”项目，应根据“其他应收款”科目的期末余额，减去“坏账准备”科目中有关其他应收款计提的坏账准备期末余额后的金额填列。

2. 利润表的阅读

利润表是反映企业一定期间生产经营成果的会计报表。利润表把一定期间的收入与其同一会计期间相关的费用进行配比，以计算出企业一定时期的净利润（或净亏损）。利润表揭示了利润总额、净利润、每股收益三项指标。这三项指标的关系如下：

利润总额=营业收入-营业成本-营业税金及附加-销售费用-管理费用-财务费用-资产减值损失+公允价值变动收益+投资收益+营业外收入-营业外支出

净利润=利润总额-所得税

每股收益=净利润÷普通股股数

利润表的编制方法见表5—5。

表5—5 　　　　**利　润　表**　　　　会企02表

编制单位：　　　　___年___月___日　　　　单位：元

项目	本期金额	上期金额	填列方法
一、营业收入			根据主营业收入与其他业务收入计算填列
减：营业成本			根据主营业成本与其他业务成本计算填列

续表

项目	本期金额	上期金额	填列方法
税金及附加			根据“营业税金及附加”科目的发生额分析填列
销售费用			根据“销售费用”科目的发生额分析填列
管理费用			根据“管理费用”科目的发生额分析填列
财务费用			根据“财务费用”科目的发生额分析填列
资产减值损失			根据“资产减值损失”科目的发生额分析填列
加：公允价值变动收益（损失以“-”号填列）			根据“公允价值变动收益”科目的发生额分析填列
投资收益（损失以“-”号填列）			根据“投资收益”科目的发生额分析填列
其中：对联营企业和合营企业的投资收益			
二、营业外收入（亏损以“-”号填列）			
加：营业外收入			根据“营业外收入”科目的发生额分析填列
减：营业外支出			根据“营业外支出”科目的发生额分析填列
其中：非流动资产处置损失			
三、利润总额（亏损总额以“-”号填列）			=营业收入-营业成本-税金及附加-销售费用-管理费用-财务费用-资产减值损失+公允价值变动收益+投资收益+营业外收入-营业外支出
减：所得税费用			根据“所得税”科目的发生额分析填列
四、净利润（净亏损以“-”号填列）			=利润总额-所得税
五、每股收益：			
（一）基本每股收益			
（二）稀释每股收益			

三、会计报表的分析

1. 会计报表分析的方法

会计报表分析指以会计报表和其他资料为依据和起点，采用专门方法，系统分析和评价企业过去和现在的经营成果、财务状况及其变动情况，目的是了解过去、评价现在、预测未来。财务报表分析通常采用的方法有比较分析法和因素分析法。

（1）比较分析法

比较分析法是指对相同的财务指标在时间上和空间上进行对比，从数量上确定差异的分析方法。

1）比较分析法按比较对象分为以下几类指标进行对比：

① 实际指标与计划或定额指标、费用预算指标进行对比，其主要作用在于了解计划、定额的完成情况，揭示财务状况完成计划、定额或预算的成绩或没有完成的差距。

② 本期实际指标与上期指标、上年同期指标、历史最高水平指标进行对比，主要是了解财务指标的变动情况和发展趋势，揭示财务状况与前期的进步或差距。

③ 本企业实际财务状况指标与国内外同行业先进指标进行对比，主要是了解企业的财务状况在国内外同行业中的地位，揭示本企业与国内外先进企业间的财务状况指标间的差距。

2）比较分析法按比较内容分为以下几类指标进行对比：

① 比较会计要素总量。主要了解企业资产、负债、所有者权益等会计要素的变化情况。

② 比较结构百分比。通过计算总体各组成部分的百分比，将其与以前年度进行比较，分析结构的变化情况。

③ 比较财务比率。是财务报表分析常用的方法，通过计算财务比率，并将其与以前年度相比较，观察其增减变化的情况，进而分析其变动的原因，从而了解分析企业的经营情况。

（2）因素分析法

因素分析法是依据财务指标与其驱动因素的关系，从数量上确定各因素对指标影响程度的一种方法。

因素分析法的理论依据是现象之间的相关性，即经济变量之间存在着某种因果关系。因素分析法是一种深层次的分析方法，运用这种方法可以揭示产生差异的原因及各因素的影响程度。

因素分析法有不同的形式，常见的有连环替代法，它是用来分析影响某个综合经济指标的各因素影响程度大小的一种分析方法，具体的分析程序如下：

1）确定影响某个经济指标的各个因素。

2）确定各个因素同该经济指标的关系。

3）按一定顺序将各个因素逐个替代，分析各个因素对该指标变动的影响程度。

采用因素分析法计算某个因素变动的影响程度时，应注意以下几点：

1）进行因素替代时，要假定当一个因素变动时其他因素保持不变。

2）替代顺序应依次进行，不可随意颠倒。

2. 会计报表分析的内容

（1）短期偿债能力分析

短期偿债能力表明企业用流动资产偿还流动负债的能力，常用的分析指标有流动比率和速动比率。

1）流动比率。流动比率又称营运资金比率，由流动资产除以流动负债而得。这一指标表明每元流动负债有多少流动资产可以作为偿还债务的保证，计算公式为：

$$流动比率=\frac{流动资产}{流动负债}\times 100\%$$

分析流动比率还需注意流动资产的结构、流动资产与流动负债的时间配合以及流动资产与非流动资产的划分标准，这些因素都会影响流动比率的高低；同时还要考虑行业特性，因为行业性质不同，流动比率的差别很大。一般来说，运用流动比率进行分析要注意以下几个方面：

① 就反映短期偿债能力来看，一般情况下，该指标数值越大，表示短期偿债能力越强；该指标数值越小，表示短期偿债能力越弱。但是流动比率过高，也有其不利的方面。过高不仅说明企业流动资产占用较多，影响资产的使用效率和获利能力，而且还可能是应收账款或存货过多所致。

② 流动比率适合同业比较以及本企业不同历史时期的比较，不过不存在统一的、标准的流动比率数值。不同行业的流动比率，通常有明显差异，营业周期越短的行业，合理的流动比率越低。

③ 如果流动比率比上年发生较大变动，或与行业平均值出现显著偏离，就应对构成流动比率的流动资产和流动负债各项目逐一进行分析，寻找形成差异的原因。

④ 为了考察流动资产的变现能力，有时还需要分析周转率。

值得注意的是，流动比率指标假设全部流动资产都可以变为现金并用于偿债，全部流动负债都需要偿还。该假设存在三个问题：

第一，有些流动资产的账面金额与变现金额有较大的差异，如产成品等。

第二，经营性流动资产是企业持续经营所必需的，不能全部用于偿债。

第三，经营性应付项目可以滚动存续，无需动用现金全部结清。因此，流动比率是对短期偿债能力的粗略估计。

2）速动比率。速动比率是流动比率的辅助指标，是将速动资产与流动负债相比较而得到的财务指标，是衡量企业短期偿债能力的另一项指标。其计算公式为：

$$速动比率=\frac{速动资产}{流动负债}\times 100\%$$

速动资产包括货币资金、交易性金融资产和各种应收、预付款项等。速动资产扣除了存货项目，这是因为存货的变现速度很慢，某些存货可能已经发生腐烂、变质损失，部分存货可能已经抵押给某债权人，存货成本价值可能已偏离市价很多。

当流动资产中易于变现、具有即时支付能力的资产不多时，流动比率高并不能说明什么问题。因此，速动比率与流动比率相比，能够更加准确、可靠地评价企业资产流动性及其偿还短期债务的能力。因此，速动比率与流动比率相比，能够更加准确、可靠地评价企业资产流动性及其偿还短期债务的能力。但是，速动比率过高或过低，同流动比率过高或过低一样都有其不利的方面。速动比率过低，说明企业短期偿债能力存在问题；速动比率过高，则说明企业持有过多的速动资产，可能会失去一些有利的投资与获利机会。

计算速动比率时，虽然剔除了存货项目，但速动资产中的应收款项本身也有很大的不确定性，它的变现能力对速动比率的准确性和真实性有很大的影响，所以在评价速动比率时还应结合应收账款周转率指标。

（2）长期偿债能力分析

长期偿债能力是指企业偿还长期债务的能力，包括企业对债务的承受能力和偿还债务的保障能力。长期偿债能力的强弱是反映财务状况稳定和安全程度的重要标志。

评价企业长期偿债能力的指标有资产负债率、产权比率、负债与有形净资产比率、利息保障倍数等。

1）资产负债率。资产负债率又称负债比率，是企业负债总额对资产总额的比率，它说明在企业总资产中，债权人提供资金所占的比重，以及企业资产对债权人权益的保障程度。该比率的计算公式为：

$$资产负债率=\frac{负债总额}{资产总额}\times 100\%$$

对债权人来讲，负债比率越低越好。因为负债比率越低，说明负债占企业全部资产的比重越小，这样，债权人的保障程度就高，风险也就小；反之，负债比率越高，说明负债在全部资产中的比重越大，表明企业债务负担越重，这样，债权的保障程度就低，债权人的权益就存在较高的风险。

2）产权比率。产权比率又称负债与所有者权益比率，是指负债总额与所有者权益总额的比例关系，用以表示所有者权益对债权人利益的保障程度，是衡量企业财务结构是否稳健的重要标志。其计算公式为：

$$产权比率=\frac{负债总额}{所有者权益总额}\times 100\%$$

产权比率越低，表明企业长期偿债能力越强，债权人权益保障程度越高，承担的风险越小；反之，比率越高，则表明企业的长期偿债能力越低。当然，这一比率也不能过低，也就是说如果所有者权益比重过大，尽管偿还长期债务的能力很强，但企业财务杠杆的作用就会减弱，另一方面这一比率也不能过高，如果企业的投资报酬率小于借款利率的话，固定的利息费用会成为债务人的沉重负担，同时债权人贷款的风险就会加大。

3）负债与有形净资产比率。负债与有形净资产比率是指负债与有形净资产的比例关系，用以表示有形净资产对债权人权益的保障程度，有形净资产=所有者权益-无形资产-长期待摊费用。其计算公式为：

$$负债与有形净资产比率=\frac{负债总额}{有形净资产总额}\times 100\%$$

负债与有形资产比率剔除了资产总额中那些价值存在着极大不确定性的资产，与资产负债率相比，它更能合理地衡量企业在清算时对债权人权益的保障程度。

4）利息保障倍数。利息保障倍数是指企业经营所获得的息税前利润与利息费用的比率，用以衡量企业偿还负债利息的指标。其计算公式为：

$$利息保障倍数=\frac{息税前利润}{利息费用}=\frac{利润总额+利息费用}{利息费用}$$

之所以用息税前利润，是因为所得税不影响企业支付利息的安全性，利息费用本身是企业要偿还的，如果不做调整则会低估这一指标。利息费用一般包括流动负债利息费用、长期负债中计入损益的利息费用以及资本化利息等。利息保障倍数越高，说明支付利息的能力越强。

（3）营利能力分析

营利能力反映的是企业获取利润的能力。营利能力与偿债能力是同等重要的，尽管企业正常经营所产生利润是偿还债务的前提条件，但有利润并不一定真的有可以支配的资金，因此在分析企业营利能力时，要同时分析企业的现金流量，才能真正了解企业的盈利状况。反映企业营利能力大小的指标主要有销售毛利率、销售净利率、总资产报酬率和净资产收益率等。

1）销售毛利率。销售收入净额减去销售成本为销售毛利。销售毛利率是指销售毛利与销售收入净额的比率。其计算公式为：

$$销售毛利率=\frac{销售毛利}{销售收入净额}\times 100\%$$

销售毛利率反映每元销售收入净额中销售毛利所占的比重，用来分析评价企业产品销售收入净额的获利能力。该指标越高，表示取得同样的销售收入的销售成本越低，销售利润越高。

2）销售净利率。销售净利率是指企业本期净利润与销售收入净额的比率，说明每元销售收入能带来多少净利润。其计算公式为：

$$销售净利率=\frac{本期净利润}{销售收入净额}\times 100\%$$

在分析这一指标时，应重视净利润这一绝对数。在新的《企业会计准则》规定的利润表中，利润包括利润总额和净利润。

$$净利润=利润总额-所得税$$

评价利润质量好坏，还应该结合企业现金流量，以判断企业净利润与现金利润的差异。若差异过大，则表明企业利润变成现金的质量差，从而会影响其偿债能力；反之，则表明企业利润质量好，在获取利润的同时具有偿还债务的能力。

3）总资产报酬率。总资产报酬率又称总资产收益率，是息税前利润除以资产平均余额的比率，用于衡量企业的获利能力。其计算公式为：

$$总资产报酬率=\frac{利润总额+利息费用}{资产平均余额}\times 100\%$$

总资产报酬率越高，表明企业资产利用的效率越好，获利能力越强。在会计报表分析中，通常将总资产报酬率与同行业该指标的平均水平加以比较，来说明企业在同行业的发展情况。还可以将总资产报酬率与企业债务的平均利率进行对比，如果资产报酬率大于平均利率，表明举债经营是有利的，企业可以适度负债经营，获得更多的利润。

4）净资产收益率。净资产收益率又称所有者权益报酬率，它是从所有者的立场来分析企业的获利能力。其计算公式为：

$$净资产收益率=\frac{净利润}{所有者权益平均总额}\times 100\%$$

实际上，该比率是总资产报酬与负债比率的函数。

$$净资产收益率=\frac{本期净利润/资产平均总额}{所有者权益平均总额/资产平均总额}=\frac{资产报酬率}{1-资产负债率}$$

该指标越高，说明所有者投资带来的收益越高。同时，如果举债经营有利，当资产报酬率为正值时，负债比率越高，净资产收益率也就越大。即净资产收益率与总资产报酬率成正比，和资产负债率成正比。

（4）营运能力分析

企业营运能力反映企业运用资金进行经营活动的能力，常用的分析指标包括存货周转率、应收账款周转率和总资产周转率。

1）存货周转率。存货周转率是指企业从购入商品到售出商品，或从购入原材料经过加工变成产成品到产品出售为止，一年内的周转次数。它是反映企业的存货周转速度的一项指标，也是衡量企业生产经营中存货营运效率的一项综合性指标。其计算公式为：

$$存货周转次数=\frac{销售成本}{平均存货}$$

通常情况下，存货周转率数值越大，说明存货周转速度越快，表示企业存货管理效率越高，存货积压的风险越小，企业的变现能力以及资金使用效率就越高，在销售净利率相同的情况下，获取的利润也就越多；反之，存货周转率越低，表示企业的存货管理效率越低，存货积压越多，致使资金冻结在存货上，仓储费用及利息负担沉重。

另外，存货周转率还可以通过存货周转天数表示。存货周转天数反映存货周转一次所需的时间，指标数值越大，说明存货周转速度越慢。其计算公式为：

$$存货周转天数=\frac{360}{存货周转率}$$

2）应收账款周转率。应收账款周转率又称应收账款周转次数，是一定时期内赊销收入净额与应收账款平均余额的比率，反映了企业报告期内应收账款平均周转的次数。其计算公式为：

$$应收账款周转率=\frac{赊账收入净额}{应收账款平均余额}\times 100\%$$

$$赊销收入净额=销售收入-现销收入-(销售退回+销售折扣+销售折让)$$

$$应收账款平均余额=\frac{期初应收账款+期末应收账款}{2}$$

应收账款周转率数值越大，周转所需要的时间越短，应收账款回收速度也就越快，信用管理的工作效率就越高，这不仅将减少或避免发生坏账的可能性，而且有助于提高资产的流动性和短期债务的偿还能力。另外，还可以通过计算应收账款平均收账期测试企业应收账款转换成现金的平均天数。其计算公式为：

$$应收账款周转天数=\frac{360}{应收账款周转率}$$

3）总资产周转率。总资产周转率是指销售收入净额与资产平均总额的比率。其计算公式为：

$$总资产周转率=\frac{销售收入净额}{资产平均总额}\times 100\%$$

总资产周转率反映企业全部资产的使用效率。如果总资产周转次数高，说明全部资产经营效率好，取得的销售收入高；相反，如果总资产周转次数低，说明全部资产经营效率差，取得的销售收入也少。因此，这一指标的高低，最终会影响企业的获利能力。同样，总资产周转率还可以用总资产周转天数来表示，计算公式为：

$$总资产周转天数=\frac{360}{总资产周转次数}$$

任务实施

根据本任务资产负债表（见表5—1）和利润表（见表5—2），刘南应该对宏宇公司进行如下分析：

一、短期偿债能力分析

根据宏宇公司的资产负债表可知，该公司2016年年末和2017年年末流动资产分别为57,589,844元、74,554,512元，流动负债分别为39,640,262元、73,207,154元，以此计算出该公司2017年年末的流动比率为：

$$流动比率=74,554,512÷73,207,154≈1.02$$

而该公司2016年年末的流动比率为：

$$流动比率=57,589,844÷39,640,262≈1.45$$

一般情况下，流动比率为2∶1是比较合理的，该公司两年的流动比率都偏低，尤其是2017年年末的流动比率比上年年末还低，表明总体上流动负债的增长速度远高于流动资产的增长速度，而流动负债增加的主要原因是短期借款的大幅度增加。

根据宏宇公司的资产负债表可知，该公司2016年年末和2017年年末的存货分别为31,020,778元、36,638,570元，则2017年年末的速动比率为：

$$速动比率=(74,554,512-36,638,570)÷73,207,154≈0.52$$

而该公司2016年年末的速动比率为：

$$速动比率=(57,589,844-31,020,778)÷39,640,262≈0.67$$

一般情况下，认为速动比率为1∶1是比较合理的。该公司这两年的速动比率都低于1∶1，2017年年末速动比率比2016年年末还有所下降，其主要原因是流动负债的增长速度高于速动资产的增长速度，说明公司的短期偿债能力下降了，短期债权人的风险上升了。

二、长期偿债能力分析

1. 根据宏宇公司的资产负债表可知，该公司2016年年末的负债总额为40,042,672元，资产总额为102,858,364元；2017年年末的负债总额为73,497,754元，资产总额为137,143,842元，则资产负债率为：

$$2016年年末资产负债率=40,042,672÷102,858,364×100\%≈38.93\%$$

$$2017年年末资产负债率=73,497,754÷137,143,842×100\%≈53.59\%$$

通过该比率的计算，发现宏宇公司2017年年末的负债比率和2016年相比提高了14.66%，这对债权人来说，意味着债权的风险增大。因为如果负债比率高，说明企业总资产中仅有小部分是由股东提供的，而大部分是由债权人提供的，这样，债权人就要承担很大的风险。

2. 根据宏宇公司的资产负债表可知，该公司2016年年末的负债总额为40,042,672元，所有者权益总额为62,815,692元；2017年年末负债总额为73,497,754元，所有者权益总额为 63,646,088 元，则该公司的产权比率为：

2016 年年末产权比率 = 40,042,672÷62,815,692×100%≈63.75%

2017 年年末产权比率 = 73,497,754÷63,646,088×100%≈115.48%

2017 年年末和 2016 年年末相比，产权比率提高了 51.73%，说明由于负债比率的提高，该公司净资产对负债的保障程度在下降，并且下降的幅度较大。

3. 根据宏宇公司的资产负债表可知，该公司 2016 年年末的负债总额为 40,042,672 元，所有者权益总额为 62,815,692 元，无形资产为 0；2017 年年末负债总额为 73,497,754 元，所有者权益总额为 63,646,088 元，无形资产为 0，则该公司的负债与有形净资产比率与产权比率相同。

4. 根据宏宇公司的利润表可知，该公司 2016 年和 2017 年税前利润分别为 19,563,830 元、5,401,740 元，则这两年利息保障倍数分别为：

2016 年利息保障倍数 =（19,563,830+690,000）÷690,000≈29.35

2017 年利息保障倍数 =（5,401,740+1,660,000）÷1,660,000≈4.25

2017 年利息保障倍数比 2016 年的利息保障倍数大幅度下降，这一方面是因为 2017 年的利息费用是 2016 年的 2.4 倍，另一方面是企业 2017 年的税前利润和 2016 年相比减少了 14,162,090 元，不利于债权人所借出资金的安全。

三、盈利能力分析

1. 根据宏宇公司的利润表可知，该公司 2017 年度的营业收入为 190,330,650 元，营业成本为 180,710,470 元，则销售毛利率为：

销售毛利率 =（190,330,650−180,710,470）÷190,330,650×100%≈5.05%

该公司 2016 年度的营业收入为 187,587,860 元，营业成本为 162,805,930 元，则销售毛利率为：

销售毛利率 =（187,587,860−162,805,930）÷187,587,860×100%≈13.21%

该企业上年度的毛利率为 13.21%，2017 年的毛利率比 2016 年下降了 8.16%，说明企业的获利能力在下降。

2. 根据宏宇公司的利润表可知，该公司 2016 年度的营业收入为 187,587,860 元，税前利润和净利润分别为 19,563,830 元、13,350,230 元，则销售利润率和销售净利率分别为：

销售利润率 = 19,563,830÷187,587,860×100%≈10.43%

销售净利率 = 13,350,230÷187,587,860×100%≈7.12%

该公司2017年度的营业收入为190,330,650元，税前利润和净利润分别为5,401,740元，4,221,640元，则销售利润率和销售净利率分别为：

$$销售利润率=5,401,740÷190,330,650×100\%\approx2.84\%$$

$$销售净利率=4,221,640÷190,330,650×100\%\approx2.22\%$$

对比可以看出，该公司2017年度的获利能力大幅下降了。

思考题

1. 某公司2017年取得销售额10%的利润，为评价这一结果还需要哪些资料？

2. 下列哪种行业一般拥有较低的流动比率？哪种行业的流动比率接近于速动比率？

（1）零售业 （2）制造业 （3）房地产业 （4）银行业

3. 延缓偿付应付账款，可以确保有更多的资金用于营运，加快存货周转，使企业扩大销售收入。请对此建议进行评论。

模块五实训

通过模块五的学习，完成如下实训题目。

实训一

资料：对威廉集团公司的偿债能力进行分析。

威廉集团公司是我国家电行业的佼佼者，其前身是某市原电冰箱总厂，经过十多年的兼并扩张，已经今非昔比。根据2017年中报分析，公司的业绩增长非常稳定，主营业务收入和利润基本保持同步增长，这在竞争激烈、行业利润明显滑坡的家电行业是极为可贵的。公司2017年上半年收入增加部分主要来自于冰箱产品的出口，鉴于公司出口形势好，威廉的国际化战略取得了明显的经济效益。

为了实现产品多元化战略，进一步拓展国际市场，2017年8月26日，威廉集团公司发出增发A股的董事会公告，决定向社会公众增发10,000万股的A股，募集的资金将用于收购威廉空调器有限公司74.45%的股权。此前威廉集团公司已持有该公司25.5%的股权，此举意味着收购完成后，威廉集团公司对威廉空调器有限公司的控制权将达到99.95%。作为威廉集团公司的主导企业之一，威廉空调器有限公司主要生产空调器、家用电器及制冷设备，是我国技术水平较高、规模品种较多、生产规模较大的空调生产基地。该公司产销状况良好，2017年上半年共生产空调器252

万台，超过去年全年的产量，出口量分别是去年同期和全年出口的4.5倍和2.7倍，迄今威廉空调有1/4的产量出口海外。目前，威廉空调来自海外的订单已排至2018年。鉴于威廉空调已是成熟的高盈利产品，收购后可以使威廉集团公司拓展主营业务结构，实现产品多元化战略，为公司进一步扩张提供强有力的支撑，同时也成为其新的经济增长点。

威廉集团公司2017年中期财务状况见表5—6。

表5—6　资产负债表（简表）

编制单位：威廉集团公司　　单位：万元

项目	金额	项目	金额
货币资金	5,124.51	应付账款	12,518.74
应收账款	39,034.59	预收账款	7,255.96
预付账款	59,990.33	流动负债合计	77,170.59
其他应收款	37,123.53	长期负债合计	25,922.22
存货净额	49,993.43	负债合计	103,092.81
待摊费用	121.13	股本	56,470.69
流动资产合计	236,978.99	资本公积	151,317.47
长期股权投资	30,717.84	盈余公积	32,916.03
长期债权投资	0.00	未分配利润	35,462.09
长期投资合计	30,717.84	股东权益合计	276,166.28
固定资产合计	100,788.17		
无形资产	10,774.09		
资产总计	379,259.09	负债及股东权益总计	379,259.09

分析要点及要求：

1. 对威廉集团公司的短期偿债能力进行分析，主要侧重分析计算流动比率、速动比率，并结合流动资产的构成和流动负债的具体项目对其短期偿债能力进行评价。

2. 对威廉集团公司的长期偿债能力进行分析，主要侧重分析资产负债率、股东权益报酬率、权益乘数、负债股权比率等指标，同时结合公司资本结构对其长期偿债能力进行评价。

实训二

已知远方公司是一家制造企业，2017年12月31日的资产负债表（见表5—7）和2017年度的利润表（见表5—8）分别如下：

表 5—7　　远方公司 2017 年 12 月 31 日资产负债表（简表）　　单位：万元

项目	年初数	年末数	项目	年初数	年末数
流动资产：			流动负债：		
货币资金	250	326	短期借款	350	320
应收票据	120	183	应付票据	0	40
应收账款	950	790	应付账款	540	625
其他应收款	260	393	应付职工薪酬	35	75
存货	1,020	1,472	应交税费	20	40
流动资产合计	2,400	3,200	其他应付款	180	115
			流动负债合计	1,200	1,280
长期股权投资	150	150	长期负债合计	600	1,250
固定资产	1,500	1,320	实收资本	2,000	2,000
在建工程	100	650	资本公积	190	313
无形资产	350	180	盈余公积	218	263
			未分配利润	292	394
			所有者权益合计	2,700	2,970
资产总计	4500	5,500	负债及所有者权益总计	4,500	5,500

表 5—8　　远方公司 2017 年度利润表（简表）　　单位：万元

项目	本期金额	上期金额
一、营业收入	7,700	8,694
减：营业成本	6,685	7,541
税金及附加	50	63
销售费用	130	140
管理费用	324	378
财务费用	125	140
二、营业外收入（亏损以“-”号填列）	386	432
加：营业外收入	44	35
减：营业外支出	20	17
三、利润总额（亏损总额以“-”号填列）	410	450
减：所得税费用	140	153
四、净利润（净亏损以“-”号填列）	270	297
五、每股收益：		
（一）基本每股收益		
（二）稀释每股收益		

2017 年其他财务数据：全年赊销额为 5,400 万元，2017 年已向投资者分配利润 150 万元。

已知该行业有关财务指标的行业标准如下：

流动比率 2∶1，速动比率 1∶1。

资产负债率 50%，利息保障倍数 3.5 倍。

存货周转率 9 次，应收账款周转率 6 次。

总资产报酬率 8%，净资产收益率 12%，销售毛利率 18%。

要求：根据以上资料，分析远方公司 2017 年年末的偿债能力、流动资产的营运能力及盈利能力。